TARIFS DE SOLDE

TARIFS

DE SOLDE

DE L'ARMÉE FRANÇAISE

DÉCRET DU 27 DÉCEMBRE 1890

8e Édition, mise à jour.

PARIS
HENRI CHARLES-LAVAUZELLE
Éditeur militaire
118, Boulevard Saint-Germain, Rue Danton, 10
(MÊME MAISON A LIMOGES)

1899

TARIFS DE SOLDE

Décret modifiant certaines dispositions qui régissent le service de la solde et les tarifs.

(27 décembre 1890.)

Le Président de la République française,

Vu la loi du 19 mai 1834, sur l'état des officiers;

Vu le décret du 18 février 1863, sur la solde, les revues, l'administration et la comptabilité de la gendarmerie;

Vu le décret du 30 mai 1875, sur les écoles militaires;

Vu le décret du 25 décembre 1875, portant modification des dispositions qui régissent le service de la solde et les revues;

Vu la décision présidentielle du 31 décembre 1878, fixant de nouveaux tarifs de solde pour les officiers et assimilés;

Vu les décrets des 4 janvier et 16 août 1889, sur l'unification des soldes;

Vu le décret du 29 mai 1890, portant règlement sur la solde et les revues;

Vu la loi de finances relative au budget de l'exercice 1891;

Considérant qu'il convient de réaliser d'une manière complète, pour les officiers, fonctionnaires, employés militaires et hommes de troupe de toutes les armes et de tous les services, l'unification des soldes qui a été commencée, pour certaines catégories, par les décrets des 4 janvier et 16 août 1889;

Considérant, d'autre part, que le moment est venu de refondre et mettre à jour, dans l'intérêt du service, les tarifs des diverses indemnités et hautes payes;

Considérant enfin que les crédits votés par les Chambres permettent de réaliser les différentes améliorations dont il s'agit;

Sur la proposition du Ministre de la guerre,

Décrète :

Art. 1er. A partir du 1er janvier 1891, les dispositions qui régissent le service de la solde et les tarifs actuellement en vigueur sont modifiées ainsi qu'il suit, savoir :

Tarifs nouveaux.

Art. 2. Les tarifs qui font suite au présent décret sont substitués à ceux aujourd'hui en usage.

Unification de la solde des officiers et employés militaires.

Art. 3. Ont droit à la solde définitivement unifiée, prévue pour leur grade par le tarif n° 1 annexé au présent décret, les officiers, fonctionnaires et employés militaires figurant audit tarif, quels que soient d'ailleurs l'arme ou le service auxquels ils appartiennent.

Ils ont droit, en outre, dans les conditions réglementaires, à l'indemnité de monture prévue, suivant le cas, par le tarif n° 16 annexé au présent décret.

Toutefois, les officiers, fonctionnaires et employés militaires en possession, avant le 1er janvier 1891, d'allocations de solde supérieures à celles combinées des tarifs nos 1 et 16 les conserveront transitoirement jusqu'à changement de grade, de classe ou de position.

Il en sera de même pour les officiers qui, promus après le 1er janvier 1891, auraient droit, en vertu des nouveaux tarifs, à des allocations moins élevées que celles dont ils jouissaient antérieurement.

La solde d'officier d'administration principal est attribuée, quant à présent, aux sept plus anciens archivistes principaux de 1re classe ; elle sera attribuée successivement aux trois archivistes principaux de 1re classe restants, en vertu de décisions ministérielles spéciales.

Solde des cavaliers de manège.

Art. 4. La solde nouvelle à attribuer aux cavaliers de manège est déterminée par le tarif n° 2 annexé au présent décret.

Unification des soldes de la troupe.

Art. 5. La solde des hommes de troupe de toutes les armes et de tous les services est déterminée, suivant leur grade et leur position à pied ou à cheval, par le tarif n° 4 annexé au présent décret.

Les hommes de troupe des cadres des corps ayant des fractions constituées montées reçoivent tous, quelle que soit d'ailleurs leur position réelle, la solde à cheval de leur grade.

Les hommes de troupe indigènes du 4e régiment de tirailleurs et du 4e régiment de spahis tunisiens sont traités, pour la solde, comme les militaires français des mêmes grades dans ces corps.

Quant aux militaires indigènes des trois premiers régiments de tirailleurs et aux militaires français et indigènes des trois régiments de spahis algériens, ils ont droit, en raison de leurs obligations spéciales, à la solde particulière prévue, pour eux, par le tarif annexé au présent décret.

Pour des motifs budgétaires, la solde définitive unifiée (0 fr. 28 par jour), prévue pour le soldat des troupes à pied, ne sera attribuée qu'à partir du 1er novembre 1891. Jusqu'à cette époque, les soldats dont il s'agit ne recevront transitoirement que la solde de 0 fr. 27 par jour.

Les hommes de troupe en possession, avant le 1er janvier 1891, d'allocations de solde supérieures à celles du nouveau tarif les conserveront, à titre provisoire, jusqu'à changement de grade ou de position.

De même, les anciens tarifs resteront transitoirement applicables aux hommes de troupe ayant une situation acquise si, en cas de promotion, la solde des nouveaux tarifs est inférieure à celle de leur ancienne position.

Indemnité pour résidence en Algérie.

Art. 6. L'indemnité pour résidence en Algérie ne sera plus attribuée aux officiers et employés militaires que dans les garnisons ou postes du territoire militaire.

Cette indemnité pourra, à titre exceptionnel, être étendue par décision ministérielle à certains postes du territoire civil situés en dehors du Tell.

Les officiers en résidence dans le territoire civil au 1er janvier 1891, continueront, pendant la durée de leur séjour en Algérie, à jouir de l'indemnité dont ils sont présentement en possession jusqu'à leur prochaine promotion.

Indemnité aux troupes en marche en corps ou en détachement en Algérie.

Art. 7. L'indemnité aux troupes en marche en corps ou en détachement est due, à partir du 1er janvier 1891, aux officiers et employés militaires en Algérie et en Tunisie dans les mêmes conditions qu'à l'intérieur.

L'indemnité pour résidence et l'indemnité en marche ne sont pas dues aux hommes de troupe en Algérie et en Tunisie, attendu que les hommes de troupes reçoivent déjà une indemnité spéciale dite représentative de légumes, riz et sel (rédaction nouvelle de la décision présidentielle du 22 juin 1896).

Indemnités en rassemblement.

Art. 8. Les indemnités en rassemblement déterminées par le tarif n° 14 annexé au présent décret continuent d'être attribuées aux garnisons dans lesquelles elles sont allouées présentement en vertu de décisions présidentielles spéciales, suivant les taux fixés par lesdites décisions.

Une indemnité en rassemblement est allouée aux officiers généraux comme aux autres officiers dans les places dont il s'agit.

Indemnités pour frais de bureau.

Art. 9. Les indemnités pour frais de bureau, auxquelles peuvent avoir droit les officiers en raison de leur situation et des obligations que celle-ci leur impose, sont déterminées par le tarif n° 18 annexé au présent décret.

Indemnités pour perte d'effets.

Art. 10. Des indemnités pour perte d'effets sont accordées, dans les conditions du décret du 29 mai 1890 sur la solde et les revues, aux officiers, fonctionnaires et employés militaires.

Elles sont différentes suivant que les intéressés ont été ou non faits prisonniers de guerre, conformément au tarif n° 24 annexé au présent décret.

Indemnités de logement aux sous-officiers employés militaires.

Art. 11. L'indemnité de logement déterminée par le tarif n° 26 annexé au décret du 27 décembre 1890 est attribuée aux sous-officiers employés militaires logés à leurs frais.

Les règles d'allocation de cette indemnité sont celles qui sont fixées par le décret du 29 mai 1890 pour les adjudants élèves d'administration et les maitres ouvriers logés en ville, faute de place dans les bâtiments militaires.

Lorsque ces personnels sont logés aux frais de l'Etat, il ne leur est alloué aucune indemnité de logement; ils subissent, sur leur solde, la retenue déterminée par le tarif n° 29 du décret du 27 décembre 1890, suivant la catégorie à laquelles ils appartiennent. (Décis. présidentielle du 23 décembre 1892.)

Masse d'entretien du harnachement et ferrage.

Art. 12. Sont substituées aux allocations en vigueur dans les corps de troupe d'infanterie, à titre d'abonnement annuel pour l'entretien des voitures en service ou en magasin, les fixations nouvelles inscrites au tarif n° 28 faisant suite au présent décret.

Allocations des rations de fourrages.

Art. 13. Les rations de fourrages sont allouées conformément aux dispositions du décret du 29 mai 1890, sur la solde et les revues, et aux annotations portées dans la colonne d'observations du tarif n° 30 annexé au présent décret.

Gendarmerie.

Art. 14. Les tarifs de solde nouveaux n°s 1 et 6 et d'indemnité de monture n° 16 sont applicables aux officiers de gendarmerie dans les mêmes conditions qu'aux autres officiers.

Les hommes de troupe de la gendarmerie conservent la solde et les allocations fixées par les tarifs particuliers les concernant.

De même, continuent de rester en vigueur les tarifs des indemnités et des allocations spéciales actuellement attribuées par les règlements aux officiers et aux hommes de troupe de cette arme.

Abrogation des dispositions antérieures.

Art. 15. Toutes les dispositions contraires au présent décret sont et demeurent abrogées.

Art. 16. Le Ministre de la guerre est chargé de l'exécution du présent décret.

Fait à Paris, le 27 décembre 1890.

Signé : CARNOT.

Par le Président de la République :

Le Président du conseil, Ministre de la guerre,

Signé : C. DE FREYCINET.

A Messieurs les Gouverneurs généraux de l'Indo-Chine et de l'Afrique occidentale française, les Gouverneurs des colonies et les Chefs du service colonial dans les ports du Havre, de Nantes, de Bordeaux et de Marseille. (*Ministère des colonies; 3e Dir., 3e Bur.*)

Paris, le 29 octobre 1897.

(*Solde à attribuer aux capitaines des corps de l'armée de terre en service aux colonies.*)

Messieurs,

Aux termes de conventions intervenues jusqu'à ce jour, entre le département de la guerre et mon administration, les capitaines des troupes de l'armée de terre, en service aux colonies doivent, pour être admis à bénéficier de la solde de la première classe prévue par les tarifs joints à la circulaire du 9 juillet 1896, réunir les conditions ci-après, savoir :

1o Etre plus anciens qu'un de leurs collègues de l'armée de mer nommé à la première classe;
2o Etre en service dans la même colonie que l'officier promu.

Or, mon attention a été appelée sur les situations anormales que crée cette dernière obligation.

Il est arrivé, en effet, en appliquant ce principe, que c'est au moins ancien de deux capitaines des troupes de la guerre, détachés dans des possessions différentes, que la solde de la première classe a été attribuée.

En vue de faire disparaître cette anomalie, j'ai décidé qu'il ne serait plus tenu compte de cette dernière condition et que les capitaines de l'armée de terre seraient admis à bénéficier de la solde prévue pour la première classe de leur grade, dès qu'un de leurs collègues des troupes de la marine plus jeune de grade et appartenant à la même arme qu'eux, en service en France ou aux colonies, aura été nommé à cette classe.

Ce même principe devant être étendu aux officiers de la gendarmerie coloniale, il conviendra d'interpréter dans ce sens les termes de ma circulaire du 24 avril 1897 (*B. O.*, C 345).

J'ai l'honneur de vous prier de vouloir bien donner des ordres dans le sens des instructions contenues dans la présente circulaire dont l'insertion au *Bulletin officiel* du ministère des colonies tiendra lieu de notification.

Le Ministre des affaires étrangères, chargé de l'intérim du ministère des colonies,

HANOTAUX.

Tarif n° 1.

TARIFS DE SOLDE

(OFFICIERS, ASSIMILÉS ET EMPLOYÉS MILITAIRES).

DÉSIGNATION DES GRADES ET EMPLOYÉS.	SOLDE BUDGÉTAIRE par an.	RETENUE À DÉDUIRE.	SOLDE NETTE PAR AN.	SOLDE NETTE PAR MOIS.	SOLDE NETTE par JOUR.	SOLDE NETTE d'absence par jour	OBSERVATIONS.
	fr. c.	fr. c.	fr. c.	fr. c.	fr. c.	fr. c.	
Maréchal de France	30.315 79	1.515 79	28.800 »	2.400 »	80 »	» »	
Général de division Intendant général Médecin inspecteur général	19.894 74	994 74	18.900 »	1.575 »	52 50	26 25	
Général de brigade Intendant militaire Médecin ou pharmacien inspecteur	13.263 16	663 16	12.600 »	1.050 »	35 »	17 50	
Colonel Sous-intendant militaire de 1re classe Médecin ou pharmacien principal de 1re classe	8.564 21	428 21	8.136 »	678 »	22 60	11 30	
Lieutenant-colonel Sous-intendant militaire de 2e classe Médecin ou pharmacien principal de 2e classe Vétérinaire principal de 1re classe	6.934 74	346 74	6.588 »	549 »	18 30	9 15	
Chef de bataillon, d'escadron ou major Sous-intendant militaire de 3e classe Médecin ou pharmacien-major de 1re classe Vétérinaire principal de 2e classe Officier d'administration principal Officier d'administration principal greffier Garde d'artillerie principal de 1re classe Adjoint du génie principal de 1re classe Contrôleur d'armes principal de 1re classe Archiviste principal de 1re classe Interprète principal	5.797 90	289 90	5.508 »	459 »	15 30	7 65	

DÉSIGNATION DES GRADES ET EMPLOYÉS.		SOLDE BUDGÉTAIRE par an.	RETENUE À DÉDUIRE.	SOLDE NETTE PAR AN.	SOLDE NETTE PAR MOIS.	SOLDE NETTE par JOUR.	SOLDE NETTE d'absence par jour	OBSERVATIONS.
Capitaine Adjoint à l'intendance Médecin ou pharmacien-major de 2e classe Vétérinaire en 1er	Après 12 ans dans le grade.	4.357 89	217 89	4.140 »	345 »	11 50	5 75	Le temps passé dans la non-activité pour infirmités temporaires compte pour le droit à la solde d'activité progressive. (Décis. présid. du 23 avril 1895.)
Officier d'administration de 1re classe Officier d'administration greffier de 1re classe Officier d'administration comptable de 1re classe Garde d'artillerie principal de 2e classe Adjoint du génie principal de 2e classe Contrôleur d'armes principal de 2e classe Archiviste principal de 2e classe Interprète de 1re classe	Après 12 ans à partir de la nomination à la classe immédiatement inférieure.	4.357 89	217 89	4.140 »	345 »	11 50	5 75	
Capitaine Adjoint à l'intendance Médecin ou pharmacien-major de 2e classe Vétérinaire en 1er	Après 8 ans dans le grade.	3.978 95	198 95	3.780 »	315 »	10 50	5 25	Les catégories ci-contre bénéficient seules des augmentations progressives, lesquelles ne peuvent jamais profiter aux officiers d'administration de 2e classe, greffiers de 2e classe, comptables de 2e classe, gardes d'artillerie de 1re classe, adjoints du génie de 1re classe, contrôleurs d'armes de 1re classe, archivistes de 1re classe, interprètes de 2e classe, qui ne seraient pas promus au grade ou à la classe supérieure quelle que soit, d'ailleurs, leur ancienneté dans le grade.
Officier d'administration de 1re classe Officier d'administration greffier de 1re classe Officier d'administration comptable de 1re classe Garde d'artillerie principal de 2e classe Adjoint du génie principal de 2e classe Contrôleur d'armes principal de 2e classe Archiviste principal de 2e classe Interprète de 1re classe	Après 8 ans à partir de la nomination à la classe immédiatement inférieure.							

DÉSIGNATION DES GRADES ET EMPLOYÉS.		SOLDE BUDGÉTAIRE par an.	RETENUE À DÉDUIRE.	SOLDE NETTE PAR AN.	SOLDE NETTE PAR MOIS.	SOLDE NETTE par JOUR.	SOLDE NETTE d'absence par jour	OBSERVATIONS
		fr. c.	fr. c.	fr. c.	fr. c.	fr. c.	fr. c.	
Capitaine Adjoint à l'intendance Médecin ou pharmacien major de 2e classe Vétérinaire en 1er	Après 5 ans dans le grade.							
Officier d'administration de 1re classe Officier d'administration greffier de 1re classe Officier d'administration comptable de 1re classe Garde d'artillerie principal de 2e classe Adjoint du génie principal de 2e classe Contrôleur d'armes principal de 2e classe Archiviste principal de 2e classe Interprète de 1re classe	Au moment de la promotion à la classe.	3.000 »	180 »	3.420 »	285 »	9 50	4 75	
Capitaine Adjoint à l'intendance Médecin ou pharmacien major de 2e classe Vétérinaire en 1er	Avant 5 ans de grade.							Même observation que d'autre part.
Officier d'administration de 2e classe Officier d'administration greffier de 2e classe Officier d'administration comptable de 2e classe Garde d'artillerie de 1re classe Adjoint du génie de 1re classe Contrôleur d'armes de 1re classe		3.221 05	161 05	3.060 »	255 »	8 50	4 25	

DÉSIGNATION DES GRADES ET EMPLOYÉS.		SOLDE BUDGÉTAIRE par an.	RETENUE À DÉDUIRE.	SOLDE NETTE PAR AN.	SOLDE NETTE PAR MOIS.	SOLDE NETTE par JOUR.	SOLDE NETTE d'absence par jour	OBSERVATIONS
Archiviste de 1re classe Interprète de 2e classe Lieutenant en 1er ou de 1re classe								La solde de lieutenant de 1re classe est allouée à tous les lieutenants d'artillerie compris dans la première moitié de la liste d'ancienneté. (Déc. présid. du 4 mars 1896.)
Médecin ou pharmacien aide-major de 1re classe Vétérinaire en 2d Officier d'administration adjoint de 1re classe Officier d'administration greffier de 3e classe Officier d'administration aide-comptable de 1re classe Garde d'artillerie de 2e classe Adjoint du génie de 2e classe Contrôleur d'armes de 2e classe Archiviste de 2e classe Interprète de 3e classe	1re moitié de la liste.	2.842 41	142 41	2.700 »	225 »	7 50	3 75	Les chefs de musique, après 10 ans de fonctions, peuvent obtenir, par décision présidentielle, la solde et les prestations attribuées aux lieutenants en 1er ou de 1re classe.
Lieutenant en 2d ou de 2e classe								
Médecin ou pharmacien aide-major de 1re classe Vétérinaire en 2d Officier d'administration adjoint de 1re classe Officier d'administration greffier de 3e classe Officier d'administration aide-comptable de 1re classe Garde d'artillerie de 2e classe Adjoint du génie de 2e classe Contrôleur d'armes de 2e classe Archiviste de 2e classe Interprète de 3e classe	2e moitié de la liste.	2.652 63	132 63	2.520 »	210 »	7 »	3 50	

DÉSIGNATION DES GRADES ET EMPLOYÉS.	SOLDE BUDGÉTAIRE par an.	RETENUE A DÉDUIRE.	SOLDE NETTE PAR AN.	PAR MOIS.	par JOUR.	SOLDE NETTE d'absence par jour	OBSERVATIONS.
	fr. c.	fr. c.	fr. c.	fr. c.	fr. c.	fr. c.	
Sous-lieutenant							
Médecin ou pharmacien aide-major de 2e classe							
Aide-vétérinaire							
Officier d'administration adjoint de 2e classe							
Officier d'administration greffier de 4e classe							
Officier d'administration aide-comptable de 2e classe	2.463 16	123 16	2.340 »	195 »	6 50	3 25	
Garde d'artillerie de 3e classe							
Adjoint du génie de 3e classe							
Contrôleur d'armes de 3e classe							
Archiviste de 3e classe							
Interprète auxiliaire de 1re classe							
Chef de musique							
Sous-lieutenant élève							
Médecin ou pharmacien stagiaire	2.273 68	113 68	2.160 »	180 »	6 »	3 »	Décision présidentielle du 24 avril 1897.
Aide-vétérinaire stagiaire							
Interprète auxiliaire de 2e classe	1.894 74	94 74	1.800 »	150 »	5 »	2 50	
Aumôniers (1).							(1) En temps de guerre, les aumôniers employés aux armées sont traités, pour la solde, comme les capitaines après 6 ans dans le grade.

ECOLES MILITAIRES.

Ire SECTION.

PERSONNEL CIVIL.

OBSERVATIONS GÉNÉRALES APPLICABLES A TOUTES LES ÉCOLES.

1. — Pour les emplois qui comportent plusieurs traitements, les titulaires ne *pourront être proposés* pour un traitement supérieur qu'après au moins trois années d'exercice dans la classe inférieure.

2. — Les fonctionnaires et employés civils, qui sont logés à l'Ecole et pour lesquels le logement n'est pas concédé en vertu du tableau ci-après, subiront sur leur traitement, suivant qu'ils jouissent du logement en nature avec meubles ou sans ameublement, la retenue fixée par le tarif n° 29.

3. — Les fonctionnaires et employés civils nourris à l'École subiront sur leur traitement la retenue déterminée ci-après, savoir :

Fixation de la retenue à opérer sur le traitement des fonctionnaires et employés civils qui sont nourris aux Ecoles.

DÉSIGNATION DES EMPLOIS.	FIXATION DE LA RETENUE			OBSERVATIONS.
	par an.	par mois.	par jour.	
	fr. c.	fr. c	fr. c.	
Personnel de l'enseignement et personnel d'administration, quel que soit l'emploi......	306 »	25 50	» 85	
Agents secondaires............	234 »	19 50	» 65	

DÉSIGNATION DES EMPLOIS		Traitement budgétaire par an.	Retenue à déduire.	TRAITEMENT NET par an.	par mois.	par jour.	OBSERVATIONS.
		fr. c.	fr. c.	fr. c.	fr. c.	fr. c.	
1° Prytanée militaire.							
PERSONNEL DE L'ENSEIGNEMENT.							
Inspecteur des études		7.503 16	375 16	7.128 »	594 »	19 80	Lorsque l'inspecteur des études aura le titre d'agrégé, son traitement budgétaire pourra être porté à 7,995 fr. 79, soit au traitement net par jour de 21 fr. 10.
Professeur agrégé de l'Université. Professeur nommé au concours dans l'ancien Prytanée après 20 ans de professorat	1re classe.	5.494 74	274 74	5.220 »	435 »	14 50	
	2e classe.	5.286 32	264 32	5.022 »	418 50	13 95	
	3e classe.	5.096 84	254 84	4.842 »	403 50	13 45	
Chargé de cours licencié. Professeur civil de dessin ayant plus de 9 ans d'exercice	1re classe.	4.812 63	240 63	4.572 »	381 »	12 70	
	2e classe.	4.395 79	219 79	4.176 »	348 »	11 60	
	3e classe.	3.997 90	199 90	3.798 »	316 50	10 55	
Chargé de cours. Professeur civil de dessin ayant moins de 9 ans d'exercice	1re classe.	3.505 26	175 26	3.330 »	277 50	9 25	
	2e classe.	2.993 68	149 68	2.844 »	237 »	7 90	
	3e classe.	2.709 47	135 47	2.574 »	214 50	7 15	
Surveillant général chargé des fonctions de sous-inspecteur des études	1re classe.	3.789 47	189 47	3.600 »	300 »	10 »	
	2e classe.	3.391 58	169 58	3.222 »	268 50	8 95	
	3e classe.	2.993 68	149 68	2.844 »	237 »	7 90	
Conservateur des collections scientifiques et préparateur de physique et de chimie	1re classe.	2.936 84	146 84	2.790 »	232 50	7 75	
	2e classe.	2.633 68	131 68	2.502 »	208 50	6 95	
	3e classe.	2.330 53	116 53	2.214 »	184 50	6 15	
1er ordre. Répétiteurs licenciés	1re classe.	3.713 68	185 68	3.528 »	294 »	9 80	Les répétiteurs ne peuvent être promus d'une classe à une autre qu'après 4 ans passés dans la classe inférieure.
	2e classe.	3.410 53	170 53	3.240 »	270 »	9 »	
	3e classe.	3.107 37	155 37	2.952 »	246 »	8 20	Les répétiteurs dont le traitement se trouverait diminué, par suite des nouvelles fixations, conserveront, par mesure transitoire, leur trai-
	4e classe.	2.804 21	140 21	2.664 »	222 »	7 40	
	5e classe.	2.501 05	125 05	2.376 »	198 »	6 60	
	6e classe.	2.197 89	109 89	2.088 »	174 »	5 80	

DÉSIGNATION DES EMPLOIS		Traitement budgétaire par an.	Retenue à déduire.	TRAITEMENT NET par an.	par mois.	par jour.	OBSERVATIONS.
2e ordre. Répétiteurs bacheliers	1re classe.	2.993 68	149 68	2.844 »	237 »	7 90	tement actuel. (Décision présidentielle du 16 janvier 1898.)
	2e classe.	2.709 48	135 48	2.574 »	214 50	7 15	
	3e classe.	2.406 32	120 32	2.286 »	190 50	6 35	
	4e classe.	2.105 16	105 16	1.998 »	166 50	5 55	
	5e classe.	1.894 74	94 74	1.800 »	150 »	5 »	
PERSONNEL D'ADMINISTRATION.							
Bibliothécaire	1re classe.	3.505 26	175 26	3.330 »	277 50	9 25	
	2e classe.	2.993 68	149 68	2.844 »	237 »	7 90	
	3e classe.	2.425 26	121 26	2.304 »	192 »	6 40	
Chirurgien-médecin		2.993 68	149 68	2.844 »	237 »	7 90	
Commis d'administration	principal.	2.747 37	137 37	2.610 »	217 50	7 25	
	1re classe.	2.520 »	126 »	2.394 »	199 50	6 65	
	2e classe.	2.216 84	110 84	2.106 »	175 50	5 85	
	3e classe.	1.894 74	94 74	1.800 »	150 »	5 »	
	4e classe.	.591 58	79 58	1.512 »	126 »	4 20	
AGENTS SECONDAIRES.							
Chef	1re classe.	1.402 10	70 10	1.332 »	111 »	3 70	
	2e classe.	1.212 63	60 63	1.152 »	96 »	3 20	
	3e classe.	1.004 21	50 21	954 »	79 50	2 65	
	4e classe.	814 74	40 74	774 »	64 50	2 15	
Gardien	1re classe.	1.364 21	68 21	1.296 »	108 »	3 60	
	2e classe.	1.174 74	58 74	1.116 »	93 »	3 10	
	3e classe.	1.004 21	50 21	954 »	79 50	2 65	
	4e classe.	814 74	40 74	774 »	64 50	2 15	
	5e classe.	682 10	34 10	648 »	54 »	1 80	
Garçon et ouvrier	1re classe.	1.117 89	55 89	1.062 »	88 50	2 95	
	2e classe.	909 47	45 47	864 »	72 »	2 40	
	3e classe.	776 84	38 84	738 »	61 50	2 05	
	4e classe.	682 10	34 10	648 »	54 »	1 80	
	5e classe.	625 26	31 26	594 »	49 50	1 65	
Homme de peine	1re classe.	1.117 89	55 89	1.062 »	88 50	2 95	
	2e classe.	909 47	45 47	864 »	72 »	2 40	
	3e classe.	814 74	40 74	774 »	64 50	2 15	
Lingère	1re classe.	1.212 63	60 63	1.152 »	96 »	3 20	
	2e classe.	909 47	45 47	864 »	72 »	2 40	
	3e classe.	682 10	34 10	648 »	54 »	1 80	

2° Ecole polytechnique.

DÉSIGNATION DES EMPLOIS.		Traitement budgétaire par an.	Retenue à déduire.	TRAITEMENT NET par an.	TRAITEMENT NET par mois.	TRAITEMENT NET par jour.	OBSERVATIONS.
		fr. c.	fr. c.	fr. c.	fr. c.	fr. c.	
PERSONNEL DE L'ENSEIGNEMENT.							
Directeur des études.	après 10 ans d'exercice..	15.006 31	750 31	14.256 »	1188 »	39 60	Décision présidentielle du 25 avril 1891.
	avant 10 ans d'exercice..	12.126 31	606 31	11.520 »	960 »	32 »	
Examinateur des élèves		10.004 21	500 21	9.504 »	792 »	26 40	
Professeur d'architecture Professeur de sciences Professeur d'histoire et de littérature.		10.004 21	500 21	9.504 »	792 »	26 40	
Professeur de dessin		7.503 16	375 16	7.128 »	594 »	19 80	
Chef des travaux graphiques		6.063 16	303 16	5.760 »	480 »	16 »	
Professeur d'art militaire (1).							(1) Emploi supprimé par la décision présidentielle du 25 avril 1891.
Maître de langue allemande	1re classe.	2.993 68	149 68	2.844 »	237 »	7 90	
	2e classe.	2.501 05	125 05	2.376 »	198 »	6 60	
	3e classe.	2.008 42	100 42	1.908 »	159 »	5 30	
Maître de dessin	1re classe.	3.600 »	180 »	3.420 »	285 »	9 50	
	2e classe.	2.993 68	149 68	2.844 »	237 »	7 90	
	3e classe.	2.501 05	125 05	2.376 »	198 »	6 60	
	4e classe.	2.008 42	100 42	1.908 »	159 »	5 30	
Répétiteur	de sciences d'architecture de littérature française.	3.505 26	175 26	3.330 »	277 50	9 25	
Répétiteur adjoint		2.520 »	126 »	2.394 »	199 50	6 65	
Maître auxil. de travaux graphiques		1.515 79	75 79	1.440 »	120 »	4 »	
PERSONNEL D'ADMINISTRATION.							
Administrateur		7.010 53	350 53	6.660 »	555 »	18 50	
Trésorier	1re classe.	4.301 05	215 05	4.086 »	340 50	11 35	
	2e classe.	3.997 90	199 90	3.798 »	316 50	10 55	
	3e classe.	3.505 26	175 26	3.330 »	277 50	9 25	

DÉSIGNATION DES EMPLOIS.		Traitement budgétaire par an.	Retenue à déduire.	TRAITEMENT NET par an.	TRAITEMENT NET par mois.	TRAITEMENT NET par jour.
Adjoint au trésorier	1re classe.	3.600 »	180 »	3.420 »	285 »	9 50
	2e classe.	3.296 84	164 84	3.132 »	261 »	8 70
	3e classe.	2.804 21	140 21	2.664 »	222 »	7 40
Sous-chef de bureau à la direction des études	1re classe.	3.600 »	180 »	3.420 »	285 »	9 50
	2e classe.	3.296 84	164 84	3.132 »	261 »	8 70
	3e classe.	2.804 21	140 21	2.664 »	222 »	7 40
Bibliothécaire	1re classe.	3.997 90	199 90	3.798 »	316 50	10 55
	2e classe.	3.505 26	175 26	3.330 »	277 50	9 25
	3e classe.	2.993 68	149 68	2.844 »	237 »	7 90
Conservateur des collections scientifiques	1re classe.	3.296 84	164 84	3.132 »	261 »	8 70
	2e classe.	2.993 68	149 68	2.844 »	237 »	7 90
	3e classe.	2.501 05	125 05	2.376 »	198 »	6 60
Comptable du matériel		3.997 90	199 90	3.798 »	316 50	10 55
Adjoint au comptable du matériel	1re classe.	3.600 »	180 »	3.420 »	285 »	9 50
	2e classe.	3.296 84	164 84	3.132 »	261 »	8 70
	3e classe.	2.804 21	140 21	2.664 »	222 »	7 40
Inspecteur des travaux du bâtiment.		2.993 68	149 68	2.844 »	237 »	7 90
Agent de casernement		1.800 »	90 »	1.710 »	142 50	4 75
Commis d'administration	principal..	2.955 79	147 79	2.808 »	234 »	7 80
	1re classe.	2.728 42	136 42	2.592 »	216 »	7 20
	2e classe.	2.425 26	121 26	2.304 »	192 »	6 40
	3e classe.	2.103 16	105 16	1.998 »	166 50	5 55
	4e classe.	1.800 »	90 »	1.710 »	142 50	4 75
Commis autographiste	1re classe.	2.008 42	100 42	1.908 »	159 »	5 30
	2e classe.	1.800 »	90 »	1.710 »	142 50	4 75
AGENTS SECONDAIRES.						
Chef	1re classe.	1.743 16	87 16	1.656 »	138 »	4 60
	2e classe.	1.515 79	75 79	1.440 »	120 »	4 »
	3e classe.	1.307 37	65 37	1.242 »	103 50	3 45
	4e classe.	1.117 89	55 89	1.062 »	88 50	2 95
Gardien	1re classe.	1.515 79	75 79	1.440 »	120 »	4 »
	2e classe.	1.364 21	68 21	1.296 »	108 »	3 60
	3e classe.	1.212 63	60 63	1.152 »	96 »	3 20
	4e classe.	1.117 89	55 89	1.062 »	88 50	2 95
	5e classe.	909 47	45 47	864 »	72 »	2 40
Garçon et ouvrier	1re classe.	1.421 05	71 05	1.350 »	112 50	3 75
	2e classe.	1.212 63	60 63	1.152 »	96 »	3 20
	3e classe.	1.117 89	55 89	1.062 »	88 50	2 95
	4e classe.	1.004 21	50 21	954 »	79 50	2 65
	5e classe.	909 47	45 47	864 »	72 »	2 40

DÉSIGNATION DES EMPLOIS.		Traitement budgétaire par an.	Retenue à 3/100 daire.	TRAITEMENT NET par an.	TRAITEMENT NET par mois.	TRAITEMENT NET par jour.	OBSERVATIONS.
		fr. c.	fr. c.	fr. c.	fr. c.	fr. c.	
AGENTS SECONDAIRES (*Suite*).							
Homme de peine........	1re classe.	1.212 63	60 63	1.152 »	96 »	3 20	
	2e classe.	1.117 89	55 89	1.062 »	88 50	2 95	
	3e classe.	1.004 21	50 21	954 »	79 50	2 65	
Lingère..................	1re classe.	1.515 79	75 79	1.440 »	120 »	4 »	
	2e classe.	1.136 84	56 84	1.080 »	90 »	3 »	
	3e classe.	757 89	37 89	720 »	60 »	2 »	
3e Ecole spéciale militaire.							
PERSONNEL DE L'ENSEIGNEMENT.							
Professeur.............	1re classe.	.286 32	264 32	5.022 »	418 50	13 95	
	2e classe.	4.812 63	240 63	4.572 »	381 »	12 70	
	3e classe.	4.320 »	216 »	4.104 »	342 »	11 40	
	4e classe.	3.789 47	189 47	3.600 »	300 »	10 »	
Professeur adjoint......	1re classe.	4.206 32	210 32	3.996 »	333 »	11 10	
	2e classe.	3.600 »	180 »	3.420 »	285 »	9 50	
	3e classe.	3.296 84	164 84	3.132 »	261 »	8 70	
	4e classe.	2.785 26	139 26	2.646 »	220 50	7 35	
PERSONNEL D'ADMINISTRATION.							
Bibliothécaire.	1re classe.	3.997 90	199 90	3.798 »	316 50	10 55	
	2e classe.	3.505 26	175 26	3.330 »	277 50	9 25	
	3e classe.	2.993 68	149 68	2.844 »	237 »	7 90	

Commis d'administration	principal..	2.955 79	147 79	2.808 »	234 »	7 80	
	1re classe.	2.728 42	136 42	2.592 »	216 »	7 20	
	2e classe.	2.425 26	121 26	2.304 »	192 »	6 40	
	3e classe.	2.103 16	105 16	1.998 »	166 50	5 55	
	4e classe.	1.800 »	90 »	1.710 »	142 50	4 75	
Mécanicien.............	1re classe.	3.600 »	180 »	3.420 »	285 »	9 50	
	2e classe.	3.126 32	156 32	2.970 »	247 50	8 25	
	3e classe.	2.501 05	125 05	2.376 »	198 »	6 60	
	4e classe.	2.141 05	107 05	2.034 »	169 50	5 65	
AGENTS SECONDAIRES.							
Chef....................	1re classe.	1.743 16	87 16	1.656 »	138 »	4 60	
	2e classe.	1.515 79	75 79	1.440 »	120 »	4 »	
	3e classe.	1.307 37	65 37	1.242 »	103 50	3 45	
	4e classe.	1.117 89	55 89	1.062 »	88 50	2 95	
Garçon..................	1re classe.	1.421 05	71 05	1.350 »	112 50	3 75	
	2e classe.	1.212 63	60 63	1.152 »	96 »	3 20	
	3e classe.	1.117 89	55 89	1.062 »	88 50	2 95	
	4e classe.	1.004 21	50 21	954 »	79 50	2 65	
	5e classe.	909 47	45 47	864 »	72 »	2 40	
Lingère..................	1re classe.	1.515 79	75 79	1.440 »	120 »	4 »	
	2e classe.	1.136 84	56 84	1.080 »	90 »	3 »	
	3e classe.	757 89	37 89	720 »	60 »	2 »	
4e Ecole d'application de l'artillerie et du génie							
PERSONNEL DE L'ENSEIGNEMENT.							
Professeur de dessin titulaire chargé de la direction supérieure du bureau des dessinateurs................	1re classe.	5.286 32	264 32	5.022 »	418 50	13 95	
	2e classe.	4.812 63	240 63	4.572 »	381 »	12 70	
	3e classe.	4.320 »	216 »	4.104 »	342 »	11 40	
	4e classe.	3.789 47	189 47	3.600 »	300 »	10 »	
Professeur adjoint de dessin, chef du bureau des dessinateurs......	1re classe.	4.206 32	210 32	3.996 »	333 »	11 10	
	2e classe.	3.600 »	180 »	3.420 »	285 »	9 50	
	3e classe.	3.296 84	164 84	3.132 »	261 »	8 70	
	4e classe.	2.785 26	139 26	2.646 »	220 50	7 35	
Professeur de langue allemande.............	1re classe.	2.993 68	149 68	2.844 »	237 »	7 90	
	2e classe.	2.501 05	125 05	2.376 »	198 »	6 60	
	3e classe.	2.008 42	100 42	1.908 »	159 »	5 30	
Préparateur du cours des sciences appliquées et de photographie.......	1re classe.	2.501 05	125 05	2.376 »	198 »	6 60	
	2e classe.	2.216 84	110 84	2.106 »	175 50	5 85	
	3e classe.	1.932 63	96 63	1.836 »	153 »	5 10	

DÉSIGNATION DES EMPLOIS.		Traitement budgétaire par an.	Retenue à déduire.	TRAITEMENT NET par an.	par mois.	par jour.	OBSERVATIONS.
		fr. c.	fr. c.	fr. c.	fr. c.	fr. c.	
PERSONNEL D'ADMINISTRATION.							
Administrateur	1re classe.	7.010 53	350 53	6.660 »	555 »	18 50	
	2e classe.	6.252 63	312 63	5.940 »	495 »	16 50	
	3e classe.	5.532 63	276 63	5.256 »	438 »	14 60	
Trésorier	1re classe.	4.301 05	215 05	4.086 »	340 50	11 35	
	2e classe.	3.997 90	199 90	3.798 »	316 50	10 55	
	3e classe.	3.505 26	175 26	3.330 »	277 50	9 25	
Bibliothécaire	1re classe.	3.997 90	199 90	3.798 »	316 50	10 55	
	2e classe.	3.505 26	175 26	3.330 »	277 50	9 25	
	3e classe.	2.993 68	149 68	2.844 »	237 »	7 90	
Comptable du matériel	1re classe.	3.997 90	199 90	3.798 »	316 50	10 55	
	2e classe.	3.505 26	175 26	3.330 »	277 50	9 25	
	3e classe.	2.993 68	149 68	2.844 »	237 »	7 90	
Adjoint au bibliothécaire	1re classe.	3.600 »	180 »	3.420 »	285 »	9 50	
	2e classe.	3.296 84	164 84	3.132 »	261 »	8 70	
	3e classe.	2.804 21	140 21	2.664 »	222 »	7 40	
Conservateur des collections scientifiques	1re classe.	3.296 84	164 84	3.132 »	261 »	8 70	
	2e classe.	2.993 68	149 68	2.844 »	237 »	7 90	
	3e classe.	2.501 05	125 05	2.376 »	198 »	6 60	
Commis d'administration et commis secrétaires chargés des écritures et des autographies	principal.	2.861 05	143 05	2.718 »	226 50	7 55	Décision présidentielle du 1er décembre 1874.
	1re classe.	2.633 68	131 68	2.502 »	208 50	6 95	
	2e classe.	2.330 53	116 53	2.214 »	184 50	6 15	
	3e classe.	2.008 42	100 42	1.908 »	159 »	5 30	
	4e classe.	1.705 26	85 26	1.620 »	135 »	4 50	
Artiste lithographe et artiste mécanicien. Dessinateur	1re classe.	3.600 »	180 »	3.420 »	285 »	9 50	
	2e classe.	3.126 32	156 32	2.970 »	247 50	8 25	
	3e classe.	2.501 05	125 05	2.376 »	198 »	6 60	
	4e classe.	2.141 05	107 05	2.034 »	169 50	5 65	

AGENTS SECONDAIRES.						
Gardien	1re classe.	1.545 79	75 79	1.440 »	120 »	4 »
	2e classe.	1.364 21	68 21	1.296 »	108 »	3 60
	3e classe.	1.212 63	60 63	1.152 »	96 »	3 20
	4e classe.	1.117 89	55 89	1.062 »	88 50	2 95
	5e classe.	909 47	45 47	864 »	72 »	2 40
Garçon	1re classe.	1.421 05	71 05	1.350 »	112 50	3 75
	2e classe.	1.212 63	60 63	1.152 »	96 »	3 20
	3e classe.	1.117 89	55 89	1.062 »	88 50	2 95
	4e classe.	1.004 21	50 21	954 »	79 50	2 65
	5e classe.	909 47	45 47	864 »	72 »	2 40

5e Ecole supérieure de guerre.

PERSONNEL D'ENSEIGNEMENT.						
Professeur d'allemand, d'anglais, d'italien et de russe	1re classe.	5.286 32	264 32	5.022 »	418 50	13 95
	2e classe.	4.812 63	240 63	4.572 »	381 »	12 70
	3e classe.	4.320 »	216 »	4.104 »	342 »	11 40
	4e classe.	3.789 47	189 47	3.600 »	300 »	10 »
Chargé de cours de russe, d'anglais et d'italien	1re classe.	2.652 63	132 63	2.520 »	210 »	7 »
	2e classe.	2.406 31	120 31	2.286 »	190 50	6 35
	3e classe.	2.160 »	108 »	2.052 »	171 »	5 70
	4e classe.	1.894 73	94 73	1.800 »	150 »	5 »
Inspecteur des lignes télégraphiques chargé des conférences sur la télégraphie		3.505 26	175 26	3.330 »	277 50	9 25
Maître de conférences du droit des gens et de droit international		2.103 16	105 16	1.998 »	166 50	5 55
PERSONNEL D'ADMINISTRATION.						
Trésorier	1re classe.	4.301 05	215 05	4.086 »	340 50	11 35
	2e classe.	3.997 90	199 90	3.798 »	316 50	10 55
	3e classe.	3.505 26	175 26	3.330 »	277 50	9 25
Adjoint au trésorier conservateur des collections scientifiques	1re classe.	3.600 »	180 »	3.420 »	285 »	9 50
	2e classe.	3.296 84	164 84	3.132 »	261 »	8 70
	3e classe.	2.804 21	140 21	2.664 »	222 »	7 40

DÉSIGNATION DES EMPLOIS.		Traitement budgétaire par an.	Retenue à déduire.	TRAITEMENT NET par an.	par mois.	par jour.	OBSERVATIONS.
		fr. c.	fr. c.	fr. c.	fr. c.	fr. c.	
PERSONNEL D'ADMINISTRATION (*Suite*).							
Bibliothécaire	1re classe.	3.997 90	199 90	3.798 »	316 50	10 55	
	2e classe.	3.505 26	175 26	3.330 »	277 50	9 25	
	3e classe.	2.993 68	149 68	2.844 »	237 »	7 90	
Adjoint au bibliothécaire	1re classe.	3.600 »	180 »	3.420 »	285 »	9 50	
	2e classe.	3.296 84	164 84	3.132 »	261 »	8 70	
	3e classe.	2.804 21	140 21	2.664 »	222 »	7 40	
Dessinateur	1re classe.	3.600 »	180 »	3.420 »	285 »	9 50	
	2e classe.	3.126 32	156 32	2.970 »	247 50	8 25	
	3e classe.	2.501 05	125 05	2.376 »	198 »	6 60	
	4e classe.	2.141 05	107 05	2.034 »	169 50	5 65	
Commis d'administration	principal..	2.955 79	147 79	2.808 »	234 »	7 80	
	1re classe.	2.728 42	136 42	2.592 »	216 »	7 20	
	2e classe.	2.425 26	121 26	2.304 »	192 »	6 40	
	3e classe.	2.103 16	105 16	1.998 »	166 50	5 55	
	4e classe.	1.800 »	90 »	1.710 »	142 50	4 75	
Commis autographiste	1re classe.	2.008 42	100 42	1.908 »	159 »	5 30	
	2e classe.	1.800 »	90 »	1.710 »	142 50	4 75	
AGENTS SECONDAIRES.							
Gardien	chef	1.743 16	87 16	1.656 »	138 »	4 60	
	1re classe.	1.515 79	75 79	1.440 »	120 »	4 »	
	2e classe.	1.364 21	68 21	1.296 »	108 »	3 60	
	3e classe.	1.212 63	60 63	1.152 »	96 »	3 20	
	4e classe.	1.117 89	55 89	1.062 »	88 50	2 95	
	5e classe.	909 47	45 47	864 »	72 »	2 40	

DÉSIGNATION DES EMPLOIS.		Traitement budgétaire par an.	Retenue à déduire.	TRAITEMENT NET par an.	par mois.	par jour.	OBSERVATIONS.
Garçon et ouvrier	1re classe.	1.421 05	71 05	1.350 »	112 50	3 75	
	2e classe.	1.212 63	60 63	1.152 »	96 »	3 20	
	3e classe.	1.117 89	55 89	1.062 »	88 50	2 95	
	4e classe.	1.004 21	50 21	954 »	79 50	2 65	
	5e classe.	909 47	45 47	864 »	72 »	2 40	
Homme de peine	1re classe.	1.212 63	60 63	1.152 »	96 »	3 20	
	2e classe.	1.117 89	55 89	1.062 »	88 50	2 95	
	3e classe.	1.004 21	50 21	954 »	79 50	2 65	

6e École d'application de cavalerie.

DÉSIGNATION DES EMPLOIS.		Traitement budgétaire par an.	Retenue à déduire.	TRAITEMENT NET par an.	par mois.	par jour.	OBSERVATIONS.
PERSONNEL DE L'ENSEIGNEMENT.							
Professeur de télégraphie militaire	1re classe.	5.741 05	287 05	5.454 »	454 50	15 15	
	2e classe.	5.286 32	264 32	5.022 »	418 50	13 95	
	3e classe.	4.623 16	231 16	4.392 »	366 »	12 20	
PERSONNEL D'ADMINISTRATION.							
Bibliothécaire, archiviste conservateur des collections scientifiques	1re classe.	3.997 90	199 90	3.798 »	316 50	10 55	
	2e classe.	3.305 25	175 26	3.330 »	277 50	9 25	
	3e classe.	2.993 68	149 68	2.844 »	237 »	7 90	
Commis d'administration et commis secrétaires chargés des écritures et des autographies	principal..	2.861 05	143 05	2.718 »	226 50	7 55	Décision présidentielle du 1er décembre 1891.
	1re classe.	2.633 68	131 68	2.502 »	208 50	6 95	
	2e classe.	2.330 53	116 53	2.214 »	184 50	6 15	
	3e classe.	2.008 42	100 42	1.908 »	159 »	5 30	
	4e classe.	1.705 26	85 26	1.620 »	135 »	4 50	
Commis lithographe et gardien de la bibliothèque	1re classe.	1.800 »	90 »	1.710 »	142 50	4 75	
	2e classe.	1.515 79	75 79	1.440 »	120 »	4 »	
Aide lithographe	1re classe.	1.402 10	70 10	1.332 »	111 »	3 70	
	2e classe.	1.212 63	60 63	1.152 »	96 »	3 20	
AGENTS SECONDAIRES.							
Chef	1re classe.	1.402 10	70 10	1.332 »	111 »	3 70	
	2e classe.	1.212 63	60 63	1.152 »	96 »	3 20	
	3e classe.	1.004 21	50 21	954 »	79 50	2 65	
	4e classe.	814 74	40 74	774 »	64 50	2 15	

DÉSIGNATION DES EMPLOIS.		Traitement budgétaire par an.	Retenue à déduire.	TRAITEMENT NET par an.	par mois.	par jour.	OBSERVATIONS.
		fr. c.	fr. c.	fr. c.	fr. c.	fr. c.	

AGENTS SECONDAIRES (*Suite*).

Gardien	1re classe.	1.364 21	68 21	1.296 »	108 »	3 60	
	2e classe.	1.174 74	58 74	1.116 »	93 »	3 10	
	3e classe.	1.004 21	50 21	954 »	79 50	2 65	
	4e classe.	814 74	40 74	774 »	64 50	2 15	
	5e classe.	682 10	34 10	648 »	54 »	1 80	
Garçon et ouvrier	1re classe.	1.117 89	55 89	1.062 »	88 50	2 95	
	2e classe.	909 47	45 47	864 »	72 »	2 40	
	3e classe.	776 84	38 84	738 »	61 50	2 05	
	4e classe.	682 10	34 10	648 »	54 »	1 80	
	5e classe.	625 26	31 26	594 »	49 50	1 65	
Homme de peine	1re classe.	1.117 89	55 89	1.062 »	88 50	2 95	
	2e classe.	909 47	45 47	864 »	72 »	2 40	
	3e classe.	814 74	40 74	774 »	64 50	2 15	
Palefrenier		1.004 21	50 21	954 »	79 50	2 65	

7° Ecole militaire de l'artillerie et du génie.

Professeur civil	avant 10 ans d'exercice.	3.978 95	198 95	3.780 »	315 »	10 50	Les retenues à opérer sur le traitement des professeurs civils en cas de nomination ou congé sont déterminées par l'art. 16 du décr. du 9 novembre 1853.
	après 10 ans d'exercice.	4.357 89	217 89	4.140 »	345 »	11 50	
	après 15 ans d'exercice.	4.698 95	234 95	4.464 »	372 »	12 40	
	après 20 ans d'exercice.	4.888 42	244 42	4.644 »	387 »	12 90	

Professeurs civils de l'école régimentaire du génie à Versailles, remplissant des fonctions à l'Ecole militaire de l'artillerie et du génie. — Indemnité annuelle : 2,000 francs.

8° Ecoles militaires préparatoires d'enfants de troupe.

Professeur	1re classe.	2.993 68	149 68	2.844 »	237 »	7 90	
	2e classe.	2.520 »	126 »	2.394 »	199 50	6 65	
	3e classe.	2.216 84	110 84	2.106 »	175 50	5 85	
	4e classe.	1.894 74	94 74	1.800 »	150 »	5 »	
PROFESSEURS CIVILS							Emplois supprimés par la décision présidentielle du 23 décembre 1892.

IIe SECTION.

PERSONNEL MILITAIRE.

1° Sous-officiers élèves officiers.

ÉCOLE MILITAIRE D'INFANTERIE. — ÉCOLE D'ADMINISTRATION DE VINCENNES.

DÉSIGNATION.	SOLDE de présence par jour.	SOLDE d'absence par jour.	OBSERVATIONS.
	fr. c.	fr. c.	
Sous-officier élève officier	1 70	» 85	La solde d'absence n'est due qu'aux rengagés ou commissionnés.

DÉSIGNATION.	SOLDE de présence par jour.	SOLDE d'absence par jour.	OBSERVATIONS.
	fr. c.	fr. c.	
Sous-officier élève officier	1 90	» 95	La solde d'absence n'est due qu'aux rengagés et aux commissionnés.

2° Emplois spéciaux.

GRADES ET EMPLOIS.	SOLDE de présence par jour (1).	SOLDE d'absence par jour (2).	OBSERVATIONS.
	fr. c.	fr. c.	
Adjudant de manège *ou* maître de manège *ou* sous-instructeur de manège	5 02	2 51	(1) Une retenue de 0 fr. 20 par jour est faite à ces sous-officiers quand ils sont nourris à l'École. (2) Pour les sous-officiers rengagés ou commissionnés.
Maréchal des logis chef de manège	4 17	2 09	
Maréchal des logis de manège *ou* sous-maître de manège *ou* sous-instructeur adjoint de manège	3 42	1 71	

3° Cavaliers de manège.

DÉSIGNATION DES GRADES.		SOLDE de présence par jour.	SOLDE d'absence par jour.	OBSERVATIONS.
		fr. c.	fr. c.	
Cavaliers de manège...	Maréchal des logis, maréchal des logis fourrier	4 30	2 15	Décision présidentielle du 4 mars 1896.
	Brigadier fourrier, brigadier	4 15	2 08	
	Cavalier	3 20	1 60	

TABLEAU DES LOGEMENTS CONCÉDÉS

et pour lesquels il n'y a pas de retenue à opérer sur le traitement des fonctionnaires et employés qui les occupent.

DÉSIGNATION DES ÉCOLES.	DÉSIGNATION DES EMPLOIS.	NOMBRE de logements concédés.	OBSERVATIONS.
Prytanée militaire.	Inspecteur des études	1	Dans les écoles où les cavaliers de manège peuvent être logés dans les bâtiments militaires, le logement leur est concédé.
	Sous-inspecteur des études	1	
	Professeur	1	
	Bibliothécaire	1	
	Médecin civil	1	
	Lingère	1	
	Agents secondaires	4	
École polytechnique.	Directeur des études	1	
	Administrateur	1	
	Bibliothécaire	1	
	Trésorier	1	
	Adjoint au trésorier	1	
	Comptable du matériel	1	
	Adjoint au comptable du matériel	1	
	Inspecteur des travaux de bâtiment	1	
	Commis d'administration	3	
	Lingère	1	
	Agents secondaires	14	
École spéciale militaire.	Bibliothécaire	1	
	Agents secondaires	16	
École supre de guerre.	Trésorier	1	
	Adjoint au trésorier conservateur des collections scientifiques	1	
	Bibliothécaire	1	
	Adjoint au bibliothécaire	1	
	Agents secondaires	3	
École d'application de cavalerie.	Commis lithographe	1	
	Agents secondaires	6	
École d'application de l'artillerie et du génie.	Administrateur	1	
	Trésorier	1	
	Bibliothécaire	1	
	Comptable du matériel	1	
	Agents secondaires	15	

Tarif n° 3.

SOLDE DES SOUS-OFFICIERS EMPLOYÉS MILITAIRES.

GRADES ET EMPLOIS.	SOLDE BUDGÉTAIRE par an.	RETENUE à déduire	SOLDE NETTE PAR AN.	SOLDE NETTE PAR MOIS.	SOLDE NETTE PAR JOUR.	SOLDE NETTE d'absence par jour.	OBSERVATIONS.
	fr. c.	fr. c.	fr. c.	fr. c.	fr. c.	fr. c.	
1° Etat-major particulier de l'artillerie.							
Ouvrier d'état de 1re classe	1.946 94	38 94	1.908 »	159 »	5 30	2 65	
Ouvrier d'état de 2e classe	1.763 26	35 26	1.728 »	144 »	4 80	2 40	
Gardien de batterie de 1re classe	1.946 94	38 94	1.908 »	159 »	5 30	2 65	
Gardien de batterie de 2e classe	1.763 26	35 26	1.728 »	144 »	4 80	2 40	
2° Etat-major particulier du génie.							
Ouvrier d'état de 1re classe	1.946 94	38 94	1.908 »	159 »	5 30	2 65	
Ouvrier d'état de 2e classe	1.763 26	35 26	1.728 »	144 »	4 80	2 40	
Portier consigne de 1re classe	1.322 45	26 45	1.296 »	108 »	3 60	1 80	La solde des portiers-consignes reste passible de la retenue de 2 p. 100.
Portier consigne de 2e classe	1.285 71	25 71	1.260 »	105 »	3 50	1 75	
Portier consigne de 3e classe	1.102 04	22 04	1.080 »	90 »	3 »	1 50	
Sous-officier stagiaire du génie	1.728 »	»	1.728 »	144 »	4 80	2 40	La solde d'absence n'est allouée qu'aux rengagés ou commissionnés.
3° Sous-officiers de la justice militaire.							
Adjudant (Commis-greffier de 1re classe; Greffier de 1re classe; de surveillance de 1re classe (1); Agent principal de 1re classe)	1.656 »	»	1.656 »	138 »	4 60	2 30	Les sous-officiers des corps remplaçant momentanément des agents de la justice militaire absents reçoivent sur les fonds du personnel de la justice militaire, et seulement pour les journées de présence dans leur emploi momentané, le traitement attribué aux sergents de la justice militaire, à l'exclusion de la haute paye d'ancienneté, mais sans préjudice des indemnités pour résidence ou en rassemblement, s'il y a lieu. Les effets d'habillement, de coiffure, de grand et de petit équipement continuent de leur être fournis par les corps d'origine, mais ils ont à verser à ces corps le montant de la prime journalière d'entretien (fonds particuliers) fixée pour l'arme par le règlement sur le service de l'habillement. Toutefois, si les allocations que ces sous-officiers recevaient à leur corps étaient supérieures à celles auxquelles ils auraient droit en raison de leur emploi dans la justice militaire, ils recevraient, sur les fonds du personnel de la justice, une somme en bloc égale à la totalité de leurs allocations antérieures.
Adjudant (Commis-greffier de 2e classe; Greffier de 2e classe; de surveillance de 2e classe (1); Agent principal de 2e classe)	1.368 »	»	1.368 »	114 »	3 80	1 90	
Sergent-major de la justice militaire	1.296 »	»	1.296 »	108 »	3 60	1 80	
Sergent huissier-appariteur; Sergent et sergent fourrier de la justice militaire	1.260 »	»	1.260 »	105 »	3 50	1 75	

(1) Décision présidentielle du 19 juin 1898.

SOLDE DE LA TROUPE.

Désignation.		Solde par jour de présence.	Solde par jour d'absence.	Observations.
		fr. c.	fr. c.	
Corps de troupe de toutes armes	Chef armurier de 1re classe	3 77	1 89	La solde d'absence n'est due qu'aux sous-officiers rengagés ou commissionnés.
Corps de troupe de toutes armes	Chef armurier de 2e classe	2 12	1 06	
Escadrons du train des équipages militaires	Brigadier armurier	1 27	»	

SOLDE A PIED.

Corps d'infanterie. (Militaires indigènes des trois premiers régiments de tirailleurs algériens exceptés, et y compris les militaires indigènes du 4e régiment de tirailleurs.) — Sections diverses.	Corps de l'artillerie.	Régiments du génie.	Solde par jour de présence : Rengagés ou commissionnés.	Solde par jour de présence : Non rengagés.	Solde par jour d'absence : Rengagés ou commissionnés.	Observations.
			fr. c.	fr. c.	fr. c.	
Adjudant. Adjudant élève d'administration. Sous-chef de musique. Tambour-major (A).	»	»	2 90	2 65	1 45	
Sergent-major clairon ou chef de fanfare	»	»	1 80	1 55	» 90	
Sergent-major	»	»	1 50	1 25	» 75	La solde d'absence n'est due qu'aux sous-officiers rengagés ou commissionnés.
Sergent et sergent fourrier	»	»	1 20	» 95	» 60	
Caporal fourrier	»	»	»	» 75	»	
Caporal. Caporal tambour ou caporal clairon. Caporal sapeur. Musicien après 10 ans de fonctions	»	»	»	» 45	»	Les sous-officiers des sections d'état-major et du recrutement qui accompagnent les commandants de recrutement en tournée de revision ont droit, sur les fonds du recrutement, à une indemnité spéciale exclusive des indemnités de résidence ou de rassemblement. Ils ont droit également à la solde et à la haute paye, mais non aux prestations en nature ou aux indemnités représentatives de ces rations.
Tambour et clairon. Sapeur	Artificier des batteries montées et des batteries à pied. Trompette (artillerie à pied). Compagnies d'ouvriers. Compagnies d'artificiers. Maître ouvrier (compagnie d'ouvriers). Maître artificier (compagnie d'artificiers)	Maître ouvrier. Tambour et clairon	»	» 30	»	
Soldat et soldat musicien (1). Élève musicien	Canonnier servant des batteries à pied et des batteries montées. Ouvrier en fer et en bois des batteries à pied et des batteries montées. Ouvrier des compagnies d'ouvriers. Artificier des compagnies d'artificiers. Soldat et élève musicien (1)	Sapeur mineur. Soldat musicien	»	» 28	»	(1) Décision présidentielle du 12 février 1892. (2) Décision présidentielle du 11 décembre 1895.
Soldat des compagnies de fusiliers de discipline (2)	»	»	»	» 23	»	

(A) *Note ministérielle relative à la solde à attribuer aux tambours-majors rengagés ou commissionnés et non pourvus du grade de sous-officier.*
(5e Direction; Solde et Indemnité de route.)

Paris, le 16 février 1897.

Consulté sur la question de savoir quelle solde doit être allouée à un tambour-major rengagé avec le grade de caporal jusqu'au jour où il sera pourvu du grade de sergent-major, le Ministre fait connaître qu'il y a lieu de se conformer à la solution suivante :

Le décret du 27 décembre 1890 ne faisant aucune restriction à cet égard, la solde que le tarif n° 4 annexé audit décret détermine pour le tambour-major doit être considérée comme afférente à l'emploi; cette solde doit donc être attribuée aux militaires pourvus de l'emploi, quel que soit leur grade.

Toutefois, la solde prévue pour un tambour-major rengagé ou commissionné ne peut être allouée (de même que la haute paie de sous-officier) au titulaire rengagé ou commissionné que s'il est pourvu du grade de sous-officier.

En conséquence, un tambour-major rengagé ou commissionné sans être pourvu de ce grade, ne peut recevoir que la solde de 1 fr. 55 par jour et n'a pas droit à la solde d'absence, jusqu'au jour de sa nomination au grade de sergent.

CORPS DE LA CAVALERIE. — (Régiments de spahis algériens exceptés, et y compris les militaires français et indigènes du 4e régiment de spahis en Tunisie.)	CORPS DE L'ARTILLERIE.	RÉGIMENTS DU GÉNIE.	ESCADRONS DU TRAIN DES ÉQUIPAGES MILITAIRES.	SOLDE PAR JOUR — DE PRÉSENCE — Rengagés ou commissionnés.	SOLDE PAR JOUR — DE PRÉSENCE — Non rengagés.	SOLDE PAR JOUR — D'ABSENCE — Rengagés ou commissionnés.
				fr. c.	fr. c.	fr. c.
Adjudant	Adjudant Sous-chef de musique	Adjudant Sous-chef de musique	Adjudant	3 05	2 80	1 53
Maréchal des logis trompette-major	»	Tambour-major	»	1 80	1 55	» 90
Maréchal des logis chef	Chef artificier Maréchal des logis chef	Sergent-major Maréchal des logis chef	Maréchal des logis chef	1 65	1 40	» 83
Maréchal des logis et maréchal des logis fourrier	Maréchal des logis Maréchal des logis fourrier Maréchal des logis trompette Sous-chef artificier	Sergent et sergent fourrier Maréchal des logis et maréchal des logis fourrier	Maréchal des logis et maréchal des logis fourrier	1 35	1 10	» 68
Brigadier fourrier	Brigadier fourrier	Caporal fourrier	Brigadier fourrier	»	» 95	»
Brigadier, brigadier trompette	Brigadier Brigadier trompette Musicien après 10 ans de fonctions	Caporal tambour ou clairon Musicien après 10 ans de fonctions Caporal Brigadier	Brigadier Brigadier trompette	»	» 55	»
Trompette	Trompette des régiments d'artillerie Artificier des batteries à cheval	Trompette	Trompette	»	» 35	»
Cavalier	Canonnier servant des batteries à cheval Canonnier conducteur (A) Aide-maréchal ferrant Bourrelier	Sapeur conducteur	Soldat	»	» 30	»

OBSERVATIONS.

La solde d'absence n'est due qu'aux sous-officiers rengagés ou commissionnés.

Les militaires gradés des bataillons d'artillerie à pied, des compagnies d'ouvriers d'artillerie, des compagnies d'artificiers, des régiments du génie (compagnies de sapeurs mineurs) et les musiciens après 10 ans de fonctions, bien que figurant dans ce tarif, n'ont droit qu'à la prime de la masse d'habillement fixée pour les hommes à pied.

Les sous-officiers des corps à cheval attachés aux commissions de recensement des chevaux et voitures reçoivent une indemnité spéciale, sur les fonds de la remonte, exclusive des indemnités de résidence ou de rassemblement attribuées dans certaines localités. Ces sous-officiers ont droit à la solde et à la haute paye pendant le temps de leur mission, mais ils ne reçoivent pas les prestations réglementaires en nature ou indemnités représentatives.

OBSERVATIONS S'APPLIQUANT A TOUTES LES ARMES.

Les hommes de troupe en possession d'une solde transitoire mis en subsistance dans un corps d'une autre arme cessent de percevoir cette solde transitoire, et n'ont droit, pour le temps de leur subsistance, qu'à la solde nouvelle de l'unification dans le corps.

La solde de caporal ou brigadier peut être allouée aux musiciens après 10 ans de fonctions, mais cet avantage n'est jamais concédé à plus de la moitié de l'effectif de la section de musique.

Les hommes de recrue, avant leur arrivée au corps et quand ils voyagent en détachement, reçoivent avec le pain une solde spéciale qui est uniformément fixée à 0 fr. 55 par jour, sauf pour le cas de mobilisation.

(A) Y compris ceux des batteries de montagne.

SOLDE SPÉCIALE AUX HOMMES DE TROUPE :

1° Indigènes des 3 premiers régiments de tirailleurs algériens; 2° Français et indigènes des régiments de spahis algériens.

1° Solde des indigènes des 3 premiers régiments de tirailleurs.

DÉSIGNATION DES GRADES.	SOLDE DE PRÉSENCE par jour.	OBSERVATIONS.
	fr. c.	
Adjudant	3 »	
Sergent-major clairon ou chef de fanfare	1 95	
Sergent-major	1 65	
Sergent et sergent fourrier	1 35	
Caporal fourrier Caporal tambour ou clairon Caporal sapeur	1 15	
Caporal	» 90	
Sapeur, tambour ou clairon	» 70	
Soldat	» 50	
Soldat envoyé à la section de discipline du corps	» 25	Décision présidentielle du 22 juin 1896.

2° Solde des hommes de troupe des régiments de spahis algériens (Français et indigènes).

DÉSIGNATION DES GRADES.	SOLDE DE PRÉSENCE par jour.		SOLDE D'ABSENCE par jour.	
	Militaires français.	Militaires indigènes.	Indigènes.	Français.
	fr. c.	fr. c.	fr. c.	fr. c.
Adjudant	3 10	3 20	1 60	1 55
Maréchal des logis chef (A)	1 55	1 80	» 90	» 78
Maréchal des logis } Maréchal des logis fourrier (A) }	1 25	1 50	» 75	» 63
Brigadier fourrier } Brigadier trompette }	1 10	1 35	» 70	»
Brigadier	1 »	1 25	» 65	»
Trompette	1 »	1 25	» 65	»
Spahi	» 75	1 »	» 50	»

OBSERVATIONS.

(A) Les maréchaux des logis chefs, maréchaux des logis et maréchaux des logis fourriers français, quand ils sont rengagés ou commissionnés, ont droit à la solde de présence et d'absence déterminée pour les rengagés ou commissionnés des emplois similaires des troupes à cheval. (Erratum du 2 avril 1891.)

La solde d'absence n'est due aux sous-officiers français que s'ils sont rengagés ou commissionnés.

Les sous-officiers, brigadiers et spahis français et indigènes ont droit à une indemnité représentative de vivres fixée à 0 fr. 44 par jour dans toutes les positions où ils reçoivent la solde de présence.

Les sous-officiers français rengagés ou commissionnés mariés ou veufs avec enfant, autorisés à vivre individuellement, peuvent recevoir les indemnités représentatives de vivres d'après le tarif de remboursement des trop-perçus, conformément aux dispositions réglementaires, mais à l'exclusion de l'indemnité précitée de 0 fr. 44.

Dans le cas où il est délivré des vivres en nature aux spahis français et indigènes, ils en remboursent la valeur conformément au tarif ci-après :

Pain		» f 180	} » 44
Riz ou légumes		» 030	
Sel		» 005	
Viande ou lard		» 150	
Sucre	» 020 }	» 055	
Café	» 035 }		
Chauffage		» 020	
Vin			» 065

SOLDE DE DISPONIBILITÉ ET DE RÉSERVE.

1° Solde de disponibilité.

GRADES.	PENDANT LES SIX PREMIERS MOIS. Solde budgétaire par an.	Retenue à déduire	SOLDE NETTE par an.	SOLDE NETTE par mois.	SOLDE NETTE par jour.	Solde nette à l'hôpital en jugement ou en détenton p jour.	APRÈS LES SIX PREMIERS MOIS. Solde budgétaire par an.	Retenue à déduire	SOLDE NETTE par an.	SOLDE NETTE par mois.	SOLDE NETTE par jour.	Solde nette à l'hôpital en jugement ou en détention p jour.	OBSERVATIONS.
	fr. c.	fr. c.	fr. c.	fr. c.	fr. c.	fr. c.	fr. c.	fr. c.	fr. c.	fr. c.	fr. c.	fr. c.	
Général de division. Intendant général. Médecin inspecteur général.	19.894 74	994 74	18.900 »	1.575 »	52 50	26 25	9.947 37	497 37	9.450 »	787 50	26 25	13 13	Les officiers passant de la position de non-activité à celle de disponibilité, reçoivent la solde de disponibilité *après les six premiers mois.*
Général de brigade. Intendant militaire. Médecin et pharmacien inspecteur.	13.263 16	663 16	12.600 »	1.050 »	35 »	17 50	6.631 58	331 58	6.300 »	525 »	17 50	8 75	
Général de division maintenu définitivement en activité	19.894 74	094 74	18.900 »	1.575 »	52 50	26 25	11.052 63	552 63	10.500 »	875 »	29 16	14 58	

2° Solde de la 2e Section (réserve) du cadre de l'état-major général.

I. *Officiers généraux et fonctionnaires placés dans la 2e section du cadre de l'état-major général après avoir atteint la limite d'âge fixée par la loi :*
Ont droit à une solde égale au taux de la pension à laquelle ils auraient droit s'ils étaient retraités.

II. *Officiers généraux et fonctionnaires placés dans la 2e section du cadre de l'état-major général avant d'avoir atteint la limite d'âge fixée par la loi.*

DÉSIGNATION DES GRADES ET EMPLOIS.	SOLDE BUDGÉTAIRE par an.	RETENUE à déduire.	SOLDE NETTE			SOLDE NETTE à l'hôpital par jour.	OBSERVATIONS.
			par an.	par mois.	par jour.		
	fr. c.	fr. c.	fr. c.	fr. c.	fr. c.	fr. c.	
Général de division............... Intendant général................. Médecin inspecteur général..	9.000 »	180 »	8.820 »	735 »	24 50	12 25	
Général de brigade............... Intendant militaire................ Médecin et pharmacien inspecteur.	6.002 45	120 05	5.882 40	490 20	16 34	8 17	

TARIF N° 6.

Solde de non-activité.

SOLDE DE NON-ACTIVITÉ.

GRADES.	OFFICIERS SORTIS DE L'ACTIVITÉ PAR SUITE DE LICENCIEMENT DE CORPS, SUPPRESSION D'EMPLOI, RENTRÉE DE CAPTIVITÉ A L'ENNEMI OU D'INFIRMITÉS TEMPORAIRES.						OFFICIERS SORTIS DE L'ACTIVITÉ PAR RETRAIT OU SUSPENSION D'EMPLOI.						OBSERVATIONS.
	Solde budgétaire par an.	Retenue à déduire	Solde nette par an.	Solde nette par mois.	Solde nette par jour.	Solde nette à l'hôpital par jour.	Solde budgétaire par an.	Retenue à déduire.	Solde nette par an.	Solde nette par mois.	Solde nette par jour.	Solde nette à l'hôpital par jour.	
	fr. c.	fr. c.	fr. c.	fr. c.	fr. c.	fr. c.	fr. c.	fr. c.	fr. c.	fr. c.	fr. c.	fr. c.	
Général de division. Intendant général. Médecin inspecteur général.	9.955 10	199 10	9.756 »	813 »	27 10	13 55	7.971 43	159 43	7.812 »	651 »	21 70	10 85	
Général de brigade. Intendant militaire. Médecin ou pharmacien inspecteur.	6.648 98	132 98	6.516 »	543 »	18 10	9 05	5.326 53	106 53	5.220 »	435 »	14 50	7 25	
Colonel. Sous-intendant militaire de 1re classe. Médecin ou pharmacien principal de 1re classe.	4.297 95	85 96	4.212 »	351 »	11 70	5 85	3.453 06	69 06	3.384 »	282 »	9 40	4 70	
Lieutenant-colonel. Sous-intendant militaire de 2e classe. Médecin ou pharmacien principal de 2e classe. Vétérinaire principal de 1re classe.	3.489 80	69 80	3.420 »	285 »	9 50	4 75	2.791 83	55 83	2.736 »	228 »	7 60	3 80	
Chef de bataillon, d'escadron ou major. Sous-intendant militaire de 3e classe. Médecin ou pharmacien-major de 1re classe. Vétérinaire principal de 2e classe. Officier d'administration principal. Officier d'administration principal greffier. Garde d'artillerie principal de 1re classe. Adjoint du génie principal de 1re classe. Contrôleur d'armes principal de 1re classe. Archiviste principal de 1re classe. Interprète principal.	2.902 04	58 04	2.844 »	237 »	7 90	3 95	2.351 02	47 02	2.304 »	192 »	6 40	3 20	
Capitaine. Adjoint à l'intendance militaire. Médecin ou pharmacien-major de 2e cl. Vétérinaire en 1er. — Après 12 ans dans le grade.	2.204 08	44 08	2.160 »	180 »	6 »	3 »	1.763 26	35 26	1.728 »	144 »	4 80	2 40	Le capitaine et assimilé en non activité à quelque titre que ce soit continue de recevoir la solde qui lui a été attribuée au moment de sa mise en non-activité, sans que son ancienneté ultérieure dans cette position puisse lui créer des droits à une solde de non-activité supérieure. (Décis. prés. du 23 avril 1895.)

GRADES.		OFFICIERS SORTIS DE L'ACTIVITÉ PAR SUITE DE LICENCIEMENT DE CORPS, SUPPRESSION D'EMPLOI, RENTRÉE DE CAPTIVITÉ A L'ENNEMI OU D'INFIRMITÉS TEMPORAIRES.						OFFICIERS SORTIS DE L'ACTIVITÉ PAR RETRAIT OU SUSPENSION D'EMPLOI.						OBSERVATIONS.
		Solde budgétaire par an.	Retenue à déduire.	Solde nette			Solde nette à l'hôpital par jour.	Solde budgétaire par an.	Retenue à déduire.	Solde nette			Solde nette à l'hôpital par jour.	
				par an.	par mois.	par jour.				par an.	par mois.	par jour.		
		fr. c.	fr. c.	fr. c.	fr. c.	fr. c.	fr. c.	fr. c.	fr. c.	fr. c.	fr. c.	fr. c.	fr. c.	
Officier d'administration de 1re classe.. Officier d'administration greffier de 1re classe............ Officier d'administration comptable de 1re classe............ Garde d'artillerie principal de 2e classe.. Adjoint du génie principal de 2e classe... Contrôleur d'armes principal de 2e classe Archiviste principal de 2e classe.......... Interprète de 1re classe	Après 12 ans à partir de la nomination à la classe immédiatement inférieure.	2.204 08	44 08	2.160 »	180 »	6 »	3 »	1.763 26	35 26	1.728 »	144 »	4 80	2 40	
Capitaine......... ... Adjoint à l'intendance militaire........... Médecin ou pharmacien-major de 2e classe................. Vétérinaire en 1er....	Après 8 ans dans le grade.													
Officier d'administration de 1re classe... Officier d'administration greffier de 1re classe............ Officier d'administration comptable de 1re classe............ Garde d'artillerie principal de 2e classe.. Adjoint du génie principal de 2e classe...	Après 8 ans à partir de la nomination à la classe immédiatement inférieure.	2.020 41	40 41	1.980 »	165 »	5 50	2 75	1.616 33	32 33	1.584 »	132 »	4 40	2 20	
Contrôleur d'armes principal de 2e classe Archiviste principal de 2e classe........ Interprète de 1re classe	Après 8 ans à partir de la nomination à la classe immédiatement inférieure.	2.020 41	40 41	1.980 »	165 »	5 50	2 75	1.616 33	32 33	1.584 »	132 »	4 40	2 20	
Capitaine........... Adjoint à l'intendance militaire.......... Médecin ou pharmacien-major de 2e cl... Vétérinaire en 1er....	Après 5 ans dans le grade.	1.800 »	36 »	1.764 »	147 »	4 90	2 45	1.469 39	29 39	1.440 »	120 »	4 »	2 »	

GRADES.		OFFICIERS SORTIS DE L'ACTIVITÉ PAR SUITE DE LICENCIEMENT DE CORPS, SUPPRESSION D'EMPLOI, RENTRÉE DE CAPTIVITÉ A L'ENNEMI OU D'INFIRMITÉS TEMPORAIRES.						OFFICIERS SORTIS DE L'ACTIVITÉ PAR RETRAIT OU SUSPENSION D'EMPLOI.						OBSERVATIONS.
		Solde budgétaire par an.	Retenue à dé-duire.	Solde nette par an.	Solde nette par mois.	Solde nette par jour.	Solde nette à l'hôpital par jour.	Solde budgétaire par an.	Retenue à dé-duire.	Solde nette par an.	Solde nette par mois.	Solde nette par jour.	Solde nette à l'hôpital par jour.	
		fr. c.	fr. c.	fr. c.	fr. c.	fr. c.	fr. c.	fr. c.	fr. c.	fr. c.	fr. c.	fr. c.	fr. c.	
Officier d'administration de 1re classe... Officier d'administration greffier de 1re classe............. Officier d'administration comptable de 1re classe .... Garde d'artillerie principal de 2e classe .. Adjoint du génie principal de 2e classe... Contrôleur d'armes principal de 2e classe Archiviste principal de 2e classe........ Interprète de 1re classe	Après promotion à la classe.	1.800 »	36 »	1.764 »	147 »	4 90	2 45	1.469 39	20 39	1.440 »	120 »	4 »	2 »	
Capitaine .... Adjoint à l'intendance. Médecin ou pharmacien-major de 2e classe .... Vétérinaire en 1er.... Officier d'administration de 2e classe......................... Officier d'administration greffier de 2e classe......................... Officier d'administration comptable de 2e classe..................... Garde d'artillerie de 1re classe.... Adjoint du génie de 1re classe..... Contrôleur d'armes de 1re classe.. Archiviste de 1re classe......... Interprète de 2e classe...........	Avant 5 ans de grade.	1.616 33	32 33	1.584 »	132 »	4 40	2 20	1.322 45	26 45	1.296 »	108 »	3 60	1 80	
Lieutenant......................... Médecin ou pharmacien aide-major de 1re classe................... Vétérinaire en 2d................. Officier d'administration adjoint de 1re classe..................... Officier d'administration greffier de 3e classe...................... Officier d'administration aide-comptable de 1re classe........ Garde d'artillerie de 2e classe.... Adjoint du génie de 2e classe..... Contrôleur d'armes de 2e classe..		1.616 33	32 33	1.584 »	132 »	4 40	2 20	1.065 31	21 31	1.044 »	87 »	2 90	1 45	

GRADES.	OFFICIERS SORTIS DE L'ACTIVITÉ PAR SUITE DE LICENCIEMENT DE CORPS OU SUPPRESSION D'EMPLOI, RENTRÉE DE CAPTIVITÉ A L'ENNEMI OU D'INFIRMITÉS TEMPORAIRES.					
	Solde budgétaire par an.	Retenue à dé-duire.	Solde nette par an.	Solde nette par mois.	Solde nette par jour.	Solde nette à l'hôpital par jour.
	fr. c.	fr. c.	fr. c.	fr. c.	fr. c.	fr. c.
Archiviste de 2e classe.......... / Interprète de 3e classe..........	1.616 33	32 33	1.584 »	132 »	4 40	2 20
Sous-lieutenant.................. / Médecin ou pharmacien aide-major de 2e classe.................. / Aide-vétérinaire................. / Officier d'administration adjoint de 2e classe.................. / Officier d'administration greffier de 4e classe.................. / Officier d'administration aide-comptable de 2e classe............ / Garde d'artillerie de 3e classe .... / Adjoint du génie de 3e classe..... / Contrôleur d'armes de 3e classe... / Archiviste de 3e classe..........	1.506 12	30 12	1.476 »	123 »	4 10	2 05

OFFICIERS SORTIS DE L'ACTIVITÉ PAR RETRAIT OU SUSPENSION D'EMPLOI.						OBSERVATIONS.
Solde budgétaire par an.	Retenue à déduire.	Solde nette			Solde nette à l'hôpital par jour.	
		par an.	par mois.	par jour.		
fr. c.	fr. c.	fr. c.	fr. c.	fr. c.	fr. c.	
1.065 31	21 31	1.044 »	87 »	2 90	1 45	
991 83	19 83	972 »	81 »	2 70	1 35	

Tarif n° 7.

PRISONNIERS DE GUERRE ET PRISONNIERS ARABES.

1° Prisonniers de guerre.

DÉSIGNATION DES GRADES.	SOLDE DE STATION par an.	SOLDE DE STATION par mois.	SOLDE DE STATION par jour.	SOLDE D'ABSENCE à l'hôpital par jour.	OBSERVATIONS.
	fr. c.	fr c.	fr. c.	fr. c.	
Général de division	4.032 »	336 »	11 20	5 60	Les officiers et sous-officiers promus à de nouveaux grades depuis leur captivité n'ont droit qu'au traitement du grade dont ils étaient pourvus lorsqu'ils ont été faits prisonniers de guerre.
Général de brigade	3.024 »	252 »	8 40	4 20	
Officier supérieur (colonel, lieutenant-colonel, chef de bataillon)	2.412 »	201 »	6 70	3 35	
Capitaine, lieutenant, sous-lieutenant	1.224 »	102 »	3 40	1 70	La solde des officiers et de leurs femmes est exclusive de toute prestation en nature.
Femme d'officier	612 »	51 »	1 70	» 85	
Sous-officiers et soldats ainsi que les femmes et les enfants	»	»	» (A)	»	(A) Solde du soldat français : homme à pied. Cette solde est également allouée quand l'homme voyage en détachement.

INTERPRÈTES.

Il est alloué aux interprètes, en sus du traitement afférent à leur grade et pour chaque journée de présence, une indemnité fixée ainsi qu'il suit : officiers et assimilés 1 fr. 50 ; sous-officiers soldats et assimilés 0 fr. 75.

Les droits des prisonniers de guerre à l'indemnité en remplacement de viande et aux diverses prestations en nature sont déterminés par le tarif n° 2 annexé au règlement sur les prisonniers de guerre.

2° Prisonniers arabes détenus en France et en Algérie.

DÉSIGNATION DES CLASSES.		SOLDE JOURNALIÈRE.	RATIONS JOURNALIÈRES. Pain à 750 grammes.	Riz à 60 grammes.	Sel à 16 grammes.	Bois à 800 grammes.	VÊTEMENTS.	OBSERVATIONS.
		fr. c.						
1re classe		» 50	1	1	1	2	1	Les femmes ont droit aux mêmes allocations que les hommes de la classe à laquelle elles appartiennent.
2e classe		» 25	1	1	1	1	1	Une double ration de chauffage est accordée en sus de la ration journalière pour chaque malade traité à l'infirmerie.
3e classe	Domestiques	» 15	1	1	1	1	1	Lorsqu'il est distribué du couscousson, la ration de riz est supprimée.
3e classe	Enfants de 3 à 10 ans	» 15	1/2	1/2	1/2	1/2	1	Les prisonniers en France mis en liberté reçoivent, à l'exclusion de toute allocation en nature et jusqu'au jour de leur embarquement pour l'Algérie, une indemnité journalière fixée à 2 fr. pour la 1re classe, 1 fr. 50 pour la 2e et 1 fr. pour la 3e.
Enfants au-dessous de 2 ans		»	»	»	»	»	1	

HAUTES PAYES D'ANCIENNETÉ.

TABLEAU N° 1.

Militaires français des corps français et indigènes et militaires français et étrangers des régiments étrangers.

§ 1er. — SOUS-OFFICIERS.	HAUTES PAYES MENSUELLES. 1re haute paye	2e haute paye	3e haute paye	OBSERVATIONS.
	fr. c.	fr. c.	fr. c.	
Sous-officiers rengagés et commissionnés de tous grades dans les conditions de la loi du 18 mars 1889	9 »	15 »	21 »	Les hautes payes des militaires de la gendarmerie et du régiment de sapeurs-pompiers de la Ville de Paris, restent déterminées par les instructions spéciales qui les concernent.
	HAUTES PAYES JOURNALIÈRES. 1re haute paye	2e haute paye	1e haute paye	
	fr. c.	fr. c.	fr. c.	
Sous-officiers rengagés ou commissionnés sous l'empire des lois antérieures à la loi du 18 mars 1889	» 30	» 50	» 70	

§ 2. — CAPORAUX, BRIGADIERS ET SOLDATS.	HAUTES PAYES JOURNALIÈRES. 1re haute paye	2e haute paye	
	fr. c.	fr. c.	
Caporaux, brigadiers rengagés ou commissionnés (quelle que soit la loi sous l'empire de laquelle ils ont été rengagés ou commissionnés)	» 16 (1)	» 24	(1) Haute paye applicable aux brigadiers et soldats de la cavalerie rengagés pour un an en vertu de l'article 64 de la loi du 15 juillet 1889.
Soldats rengagés ou commissionnés (quelle que soit la loi sous l'empire de laquelle ils ont été rengagés ou commissionnés)	» 12 (1)	» 16	

TABLEAU N° 2.

Militaires indigènes des régiments de tirailleurs algériens.

	1re haute paye	2e haute paye	3e haute paye	OBSERVATIONS.
	fr. c.	fr. c.	fr. c.	
Sous-officiers	0 10	0 15	0 20	
Caporaux et soldats	0 05	0 10	0 15	

TABLEAU N° 3.

Militaires indigènes des régiments de spahis (Algériens et Tunisiens).*

Militaires de tous grades après trois ans de service sans interruption : 0 fr. 15 par jour.

INDEMNITES DE SERVICE.

1° Indemnité aux officiers en retraite employés dans les bureaux de recrutement de subdivision régionale.

DÉSIGNATION DES GRADES ET EMPLOIS.	INDEMNITÉ DE SERVICE par an.	par mois.	par jour.	OBSERVATIONS.
	fr. c.	fr. c.	fr. c.	
Colonel	4.068 »	339 »	11 30	Les officiers démissionnaires employés dans le service du recrutement ont droit à la solde *nette* des officiers de leur grade en activité.
Lieutenant-colonel	3.168 »	264 »	8 80	
Chef de bataillon	2.664 »	222 »	7 40	
Capitaine	1.800 »	150 »	5 »	
Lieutenant	1.314 »	109 50	3 65	
Sous-lieutenant	1.206 »	100 50	3 35	

2° Indemnité aux officiers en retraite employés dans les Ecoles militaires ou tout autre service retribué sur les fonds de la solde.

Les officiers en retraite employés dans les Ecoles militaires ou dans tout autre service retribué sur les fonds de la solde, ont droit aux mêmes indemnités de service que celles qui sont déterminées pour les officiers en retraite employés dans le recrutement suivant la correspondance ou, le cas échéant, suivant l'assimilation de grade. (Décis. présid. du 9 décembre 1893.)

Les officiers en retraite pourvus d'un emploi dans les établissements pénitentiaires sont traités de la même façon. (Note minist. du 9 avril 1896.)

GRADES ET EMPLOIS.			INDEMNITÉ par an.	INDEMNITÉ par mois.	INDEMNITÉ par jour.	OBSERVATIONS.
			fr. c.	fr. c.	fr c.	
1° *Personnel de la justice militaire (ateliers, pénitenciers, prisons).*		Chef de bataillon	1.080 »	90 »	3 »	Ces indemnités ne sont pas passibles de la retenue. Elles ne sont dues que pour les journées de présence effectives et pour les journées d'absence motivée par le service. Elles sont dues aux officiers en retraite pourvus d'un emploi dans les établissements pénitentiaires. (Note minist. du 9 avril 1896).
		Capitaine	648 »	54 »	1 80	
		Lieutenant	540 »	45 »	1 50	
		Sous-lieutenant	396 »	33 »	1 10	
2° *Compagnies de discipline.*	Officiers.	Capitaine	1.620 »	135 »	4 50	
		Lieutenant	792 »	66 »	2 20	
		Sous-lieutenant	180 »	15 »	» 50	
	Hommes de troupe.	Adjudant	»	»	1 12	Cette indemnité est attribuée en sus de la solde de l'infanterie due aux hommes de troupe suivant leur position (rengagés ou non). Elle n'est due que pour les journées de présence effective au corps et pour les journées d'absence motivée par les nécessités du service, quand, pendant cette absence, ils ont droit à la solde de présence.
		Sergent-major	»	»	» 75	
		Sergent et sergent fourrier	»	»	» 45	
		Caporal fourrier	»	»	» 45	
		Caporal	»	»	» 35	
		Tambour ou clairon	»	»	» 23	
3° *Sous-officiers, élèves officiers de Saumur rejoignant leur régiment en fin de cours et qui attendent leur nomination au grade d'officier.*		Sous-offic. rengagés dans les corps autres que les spahis algériens et sahariens (1)	»	»	» 55	Indemnité due pour chaque journée de présence effective, et attribuée sur les fonds de la solde jusqu'au moment de la nomination au grade de sous-lieutenant, afin de maintenir aux intéressés la solde qu'ils avaient à l'École de Saumur.
		Sous-officiers non rengagés dans les mêmes corps	»	»	» 80	
		Sous-offic. rengagés ou non des régiments de spahis algériens et sahariens (1)	»	»	» 65	
4° *Écoles militaires préparatoires d'enfants de troupe (infanterie, cavalerie, artillerie et génie.)*		Professeur de 1re classe remplissant les fonctions de professeur principal	386 »	33 »	1 10	Cette indemnité n'est pas passible de retenue. (Décis. présid. du 10 juin 1898.)
5° *École supérieure de guerre.*		Médecin principal chargé du service médical extérieur	198 »	16 50	» 55	Indemnité non passible de retenue. (Décis. présid. du 10 juin 1898).

Tarif n° 11.

INDEMNITÉ AUX TROUPES EN MARCHE

EN CORPS OU EN DÉTACHEMENT.

GRADES.	PAR JOUR.	OBSERVATIONS.
OFFICIERS.	fr. c	
Officiers généraux et assimilés	10 »	L'indemnité ci-contre est attribuée aux officiers généraux marchant à la tête de leurs troupes en dehors des grandes manœuvres.
Officiers supérieurs	5 »	
Officiers subalternes	3 »	
TROUPE.		L'indemnité aux troupes en marche est attribuée en Algérie et en Tunisie dans les mêmes conditions qu'à l'intérieur, aux officiers et employés militaires. (Décis. présid. du 22 juin 1896.) Elle n'est pas due à la troupe en Algérie.
Adjudant et assimilé	» 35	
Sous-officier et assimilé d'un emploi de sous-officier autre que celui d'adjudant Caporal fourrier et brigadier fourrier	» 25	
Caporal, brigadier, soldat	» 10	

Tarif n° 12.

INDEMNITÉ A L'OCCASION DE LA FÊTE NATIONALE.

GRADES.	PAR JOUR.	OBSERVATIONS.
	fr. c.	
Adjudant et assimilé	1 50	
Sous-officier et assimilé d'un emploi de sous-officier autre que celui d'adjudant Caporal fourrier et brigadier fourrier	» 70	
Caporal, brigadier et soldat	» 30	

TARIF N° 13.

INDEMNITÉ POUR RÉSIDENCE DANS PARIS.

GRADES ET EMPLOIS.	TAUX DE L'INDEMNITÉ par jour.	OBSERVATIONS.
	fr. c.	
1° OFFICIERS, FONCTIONNAIRES, EMPLOYÉS MILITAIRES.		
Général de division et de brigade ; intendant général et intendant militaire ; médecin inspecteur général ; médecin et pharmacien inspecteur	5 »	
Colonel et lieutenant-colonel ; sous-intendant militaire de 1re et de 2e classe ; médecin et pharmacien principal ; vétérinaire principal de 1re classe	4 60	
Chef de bataillon et d'escadron ; sous-intendant militaire de 3e classe ; médecin et pharmacien major de 1re classe ; officier d'administration principal ; greffier principal ; vétérinaire principal de 2e classe ; interprète principal ; garde d'artillerie principal de 1re classe ; adjoint principal du génie de 1re classe ; contrôleur d'armes principal de 1re classe ; archiviste principal de 1re classe des bureaux d'état-major	4 »	
Capitaine ; lieutenant et sous-lieutenant ; adjoint à l'intendance militaire ; médecin et pharmacien-major de 2e classe et aide-major ; médecin et pharmacien stagiaire ; officier d'administration et officier d'administration adjoint ; greffier, comptable et aide-comptable ; vétérinaire, aide-vétérinaire et aide-vétérinaire stagiaire ; interprète et interprète auxiliaire ; garde d'artillerie principal de 2e classe et garde d'artillerie ; adjoint principal du génie de 2e classe et adjoint du génie ; contrôleur d'armes principal de 2e classe et contrôleur d'armes ; archiviste principal de 2e classe et archiviste des bureaux d'état-major	2 60	
2° EMPLOYÉS MILITAIRES SOUS-OFFICIERS.		
Ouvrier d'état et gardien de batterie	1 60	
Portier-consigne	1 20	
Sous-officier stagiaire du génie	1 »	
3° TROUPE.		
Adjudant et assimilé (rengagé ou commissionné)	» 75	
Sous-officier élève de l'Ecole des sous-officiers de l'artillerie et du génie (rengagé ou commissionné.)	» 50	
Sous-officier (rengagé ou commissionné, y compris les sous-officiers des cavaliers de manège). (Décis. présid. du 4 mars 1896)	» 40	
Professeurs		Supprimés. (Décis. présid. du 23 novembre 1892).

INDEMNITÉ EN RASSEMBLEMENT.

Les places dans lesquelles cette indemnité est attribuée à titre permanent sont déterminées par des décisions présidentielles spéciales.

GRADES ET EMPLOIS.	PAR JOUR. INDEMNITÉ N° 1. fr. c.	INDEMNITÉ N° 2. fr. c.	INDEMNITÉ N° 3. fr. c.	INDEMNITÉ N° 4. fr. c.	OBSERVATIONS.
Officier général, intendant général, intendant militaire, médecin inspecteur général, médecin et pharmacien inspecteur	2 50	2 »	1 50	1 »	
Colonel, sous-intendant militaire, médecin et pharmacien principal, lieutenant-colonel, chef de bataillon et d'escadron, médecin et pharmacien-major de 1re classe, officier d'administration principal, greffier principal, vétérinaire principal, interprète principal, garde d'artillerie et adjoint du génie principal de 1re classe, contrôleur d'armes principal de 1re classe, archiviste principal de 1re classe	2 »	1 50	1 »	» 50	
Capitaine, adjoint à l'intendance militaire, médecin et pharmacien-major de 2e classe, officier d'administration et greffier de 1re et de 2e classe, vétérinaire en 1er, interprète de 1re et de 2e classe, garde principal d'artillerie de 2e classe, garde d'artillerie de 1re classe, contrôleur d'armes principal de 2e classe et contrôleur d'armes de 1re classe, adjoint principal de 2e classe et adjoint de 1re classe du génie, archiviste principal de 2e classe et archiviste de 1re classe	1 40	1 05	» 70	» 35	
Lieutenant, sous-lieutenant, médecin et pharmacien aide-major, greffier de 3e et de 4e classe, vétérinaire en second, aide-vétérinaire et aide-vétérinaire stagiaire, interprète de 3e classe et interprète auxiliaire, garde d'artillerie de 2e et de 3e classe, contrôleur d'armes de 2e et de 3e classe, adjoint du génie de 2e et de 3e classe, archiviste de 2e et de 3e classe, officier d'administration adjoint et aide-comptable de 1re et de 2e classe	1 »	» 75	» 50	» 25	
Ouvrier d'état et gardien de batterie	» 80	» 60	» 40	» 20	
Portier-consigne	» 60	» 45	» 30	» 15	
Sous-officier stagiaire du génie	» 20	» 20	» 20	» 15	

Adjudant et assimilé	» 20	Allocation unique pour la troupe
Sous-officier et assimilé d'un emploi de sous-officier autre que celui d'adjudant, caporal fourrier et brigadier fourrier	» 10	
Caporal, brigadier, soldat, clairon, tambour, trompette	» 05	

TARIF N° 15
modifié par décis. président. du 30 novembre 1897, *B. O.*, p. 588.

INDEMNITÉ POUR RÉSIDENCE EN ALGÉRIE ET EN TUNISIE.

GRADES ET EMPLOIS.	PAR JOUR.	OBSERVATIONS.
	fr. c.	
Général de division, intendant général, médecin inspecteur général............	3 55	L'indemnité de résidence n'est plus attribuée en Algérie qu'aux personnels employés dans les garnisons ou postes du territoire militaire. Cette indemnité peut, à titre exceptionnel, être étendue par décision ministérielle à certains postes du territoire civil situés en dehors du Tell; elle est conservée à Biskra et à Saïda. A titre transitoire, l'indemnité de résidence continue d'être allouée en Algérie jusqu'à promotion aux personnels qui sont actuellement employés dans le territoire civil. Les employés militaires sous-officiers mariés ou veufs avec enfants auxquels l'indemnité pour résidence en Algérie ou en Tunisie est allouée peuvent percevoir, dans les conditions réglementaires, les indemnités représentatives de vivres d'après le tarif de remboursement des trop perçus, à l'exclusion de l'indemnité de résidence.
Général de brigade, intendant militaire, médecin et pharmacien inspecteur.....	2 25	
Colonel, lieutenant-colonel, chef de bataillon et d'escadron, sous-intendant militaire, médecin et pharmacien principal, médecin et pharmacien-major de 1re classe, officier d'administration principal, garde d'artillerie et adjoint du génie principal de 1re classe, contrôleur d'armes principal de 1re classe, archiviste principal de 1re classe.................	1 35	
Capitaine, lieutenant et sous-lieutenant, adjoint à l'intendance militaire, garde principal de 2e classe et garde d'artillerie, contrôleur d'armes principal de 2e classe et contrôleurs d'armes, adjoint principal de 2e classe et adjoint du génie, médecin et pharmacien-major de 2e classe, médecin et pharmacien aide-major, officier d'administration, officier d'administration adjoint et aide-comptable, greffier, archiviste principal de 2e classe et archiviste, vétérinaire, aide-vétérinaire, interprète et interprète auxiliaire......	1 05	
Ouvrier d'état et gardien de batterie.....	» 61	
Sous-officier stagiaire du génie........... Portier-consigne........................ Adjudant........ / Sergent-major... / Sergent-fourrier. / Sergent......... } du personnel de la justice militaire........	» 44	

INDEMNITÉ DE MONTURE.

DÉSIGNATION DES PARTIES PRENANTES.	ALLOCATION NETTE par an.	par mois.	par jour.	OBSERVATIONS.
	fr. c.	fr. c.	fr. c.	
N° 1. Officiers subalternes ou catégories de grades correspondants possédant un ou plusieurs chevaux à titre gratuit........................	180 »	15 »	» 50	Les officiers comptables des corps de troupe à cheval (cavalerie, artillerie, train des équipages) ont droit à l'indemnité de monture. En raison de l'identité de situation, l'indemnité de monture est due aux officiers comptables sortant des corps de troupe à cheval et affectés, soit à des dépôts de remonte, soit à des écoles militaires. (Note minist. du 29 mars 1892.) Les officiers élèves dans les Ecoles supérieure de guerre, de Saumur et de Fontainebleau, ont droit, sans distinction d'origine, à l'indemnité de monture. La même indemnité est acquise aux aides-vétérinaires stagiaires de l'Ecole d'application de cavalerie; elle n'est pas due aux médecins et pharmaciens stagiaires de l'Ecole du Val-de-Grâce. En temps de guerre, les aumôniers employés aux armées ont droit à l'indemnité de monture n° 1.
N° 2. Officiers supérieurs ou catégories de grades correspondants possédant un cheval à titre onéreux....................................	360 »	30 »	1 »	
N° 3. Officiers supérieurs ou catégories de grades correspondants possédant deux chevaux et plus à titre onéreux................................	540 »	45 »	1 50	

TARIF N° 17

Indemnités pour frais de service

INDEMNITÉS POUR FRAIS DE SERVICE.

Tableau A.

Tarif n° 17 (modifié par la décision présidentielle du 23 juillet 1897) annexé au décret du 27 décembre 1890.

GRADES ET EMPLOIS.	FIXATION BUDGÉTAIRE de l'indemnité par an.	À DÉDUIRE le montant de l'abonnement au *Journal officiel*.	SOMME NETTE À PAYER par an.	SOMME NETTE À PAYER par mois.	SOMME NETTE À PAYER par jour.	OBSERVATIONS.
	fr. c.	fr. c.	fr. c.	fr. c.	fr. c.	
1° Etats-majors et services divers.						
Général chef d'état-major général de l'armée	14.958 »	»	14.958 »	1.246 50	41 55	
Général membre du conseil supérieur de la guerre chargé de mission spéciale	14.998 »	40 »	14.958 »	1.246 50	41 55	
Gouverneur militaire de Paris	25.582 »	40 »	25.542 »	2.128 50	70 95	
Gouverneur militaire de Lyon et commandant le 14e corps d'armée	14.944 »	40 »	14.904 »	1.242 »	41 40	
Commandant le 6e corps d'armée	13.540 »	40 »	13.500 »	1.125 »	37 50	Décision présidentielle du 2 mars 1898.
Commandant le 20e corps d'armée	12.460 »	40 »	12.420 »	1.035 »	34 50	
Commandant le 19e corps d'armée	17.806 »	40 »	17.766 »	1.480 50	49 35	
Commandant de corps d'armée	11.380 »	40 »	11.340 »	945 »	31 50	
Commandant de division en Algérie	11.380 »	40 »	11.340 »	945 »	31.50	
Commandant de l'artillerie à Paris et à Lyon / Commandant du génie du gouvernement de Paris	8.014 »	40 »	7.974 »	664 50	22 15	
Commandant la 29e division à Nice	9.022 »	40 »	8.982 »	748 50	24 95	
Commandant de division active	8.014 »	40 »	7.974 »	664 50	22 15	
Chef d'état-major du gouverneur de Paris	12.438 »	18 »	12.420 »	1.035 »	34 50	

	GRADES ET EMPLOIS.	FIXATION BUDGÉTAIRE par an.	À DÉDUIRE	par an.	par mois.	par jour.	OBSERVATIONS.
Général de division.	Président d'un comité technique d'armes	5.908 »	40 »	5.868 »	489 »	16 30	
	Inspecteur général des remontes	5.004 »	»	5.004 »	417 »	13 90	
	Inspecteur général permanent de cavalerie	3.330 »	»	3.330 »	277 50	9 25	L'indemnité prévue pour un commandant de division est due au général inspecteur général permanent de cavalerie quand il exerce effectivement le commandement d'une division.
	Commandant de la cavalerie en Algérie	8.014 »	40 »	7.974 »	664 50	22 15	
	Secrétaire général de la présidence	5.904 »	»	5.904 »	492 »	16 40	
	Commandant supérieur de la défense et commandant de la place de Paris	10.372 »	40 »	10.332 »	861 »	28 70	
	Commandant supérieur de la défense à Nice	10.840 »	40 »	10.800 »	900 »	30 »	
	Commandant supérieur de la défense dans les autres places	8.014 »	40 »	7.974 »	664 50	22 15	
	Commandant l'École supérieure de guerre	8.014 »	40 »	7.974 »	664 50	22 15	
	Commandant la division d'occupation de Tunisie	11.380 »	40 »	11.340 »	945 »	31 50	
	Inspecteur permanent des fabrications de l'artillerie	8.014 »	40 »	7.974 »	664 50	22 15	Décision présidentielle du 2 février 1898.
Officier supérieur.	Sous-inspecteur des fabrications de l'artillerie (1)	4.392 »	»	4.392 »	366 »	12 20	
Général de brigade.	Chef d'état-major du 15e corps d'armée	5.382 »	18 »	5.364 »	447 »	14 90	Le général de brigade qui cumule un commandement actif avec un commandement territorial reçoit une indemnité supplémentaire de 360 francs par an lorsqu'il exerce son commandement sur plus de deux subdivisions.
	Chef d'état-major d'un autre corps d'armée	4.392 »	18 »	4.374 »	364 50	23 25	
	Chef d'état-major du 19e corps d'armée	11.322 »	18 »	11.304 »	942 »	12 15	
	Chef d'état-major du gouvernement militaire de Lyon	6.354 »	18 »	6.336 »	528 »	17 60	
	Chef d'état-major des 6e et 20e corps d'armée	5.382 »	18 »	5.364 »	447 »	14 90	Décision présidentielle du 2 mars 1898.
	Commandant le département de Seine-et-Oise	3.370 »	40 »	3.330 »	277 50	9 25	
	Commandant le département de la Seine, adjoint au commandant de la place de Paris	9.040 »	40 »	9.000 »	750 »	25 »	
	Commandant le département du Rhône, adjoint au général commandant supérieur de la défense, à Lyon	4.414 »	40 »	4.374 »	364 50	12 15	(1) Avec cette indemnité le sous-inspecteur doit faire face à tous les frais résultant de sa situation et notamment aux frais de tournées. (Décision présidentielle du 2 février 1898.)
	Commandant la brigade d'artillerie d'un corps d'armée	3.370 »	40 »	3.330 »	277 50	9 25	

	GRADES ET EMPLOIS.	FIXATION BUDGÉTAIRE de l'indemnité par an.	A DÉDUIRE le montant de l'abonnement au *Journal officiel*.	SOMME NETTE A PAYER par an.	par mois.	par jour.	OBSERVATIONS.
		fr. c.	fr. c.	fr. c.	fr. c.	fr. c.	
Général de brigade. (*Suite.*)	Commandant l'artillerie en Algérie.	4.504 »	40 »	4.464 »	372 »	12 40	
	Commandant militaire de Tunis et de Gabès	4.504 »	40 »	4.464 »	372 »	12 40	(1) Cette fixation est applicable au directeur du service géographique. (Décision présidentielle du 13 juin 1898.)
	Sous-chef de l'ét.-maj. de l'armée(1).	3.492 »	»	3.492 »	291 »	9 70	
	Président de la commission centrale de réception des poudres de guerre et de la commission d'expériences de tir de Versailles	3.370 »	40 »	3.330 »	377 50	9 25	
	Commandant supérieur du génie en Algérie	4.504 »	40 »	4.464 »	372 »	12 40	
	Commandant la 79e brigade d'inf..	3.640 »	40 »	3.600 »	300 »	10 »	Décision présidentielle du 23 juillet 1897.
	Commandant une brigade						
	Commandant du génie d'une région.	3.370 »	40 »	3.330 »	277 50	9 25	
	Directeur du génie à Paris						
	Adjoint à l'inspecteur permanent des remontes	3.330 »	»	3.330 »	277 50	9 25	
	Commandant une subdivision ou une brigade en Algérie ou en Tunisie.	4.504 »	40 »	4.464 »	372 »	12 40	Décision présidentielle du 18 novembre 1897.
	Commandant une subdivision de région	2.362 »	40 »	2.322 »	193 50	6 45	
	Commandant supérieur de la défense						
	Adjoint aux commandants supérieurs de la défense	3.370 »	40 »	3.330 »	277 50	9 25	
	Commandant l'École polytechnique.						
	Commandant l'École de Saint-Cyr.	4.680 »	18 »	4.662 »	388 50	12 95	
	Commandant l'École de Fontainebleau						
	Secrétaire général de la présidence.	4.374 »	»	4.374 »	364 50	12 15	
	Commandant d'armes du camp de Châlons	2.362 »	40 »	2.322 »	193 50	6 45	Décision présidentielle du 18 juin 1898

Intendant général.	Président du comité technique de l'intendance	5.886 »	18 »	5.868 »	489 »	16 30	
	Directeur de l'intendance du gouvernement militaire de Paris	8.190 »	18 »	8.172 »	681 »	22 70	
	Directeur de l'intendance du gouvernement militaire de Lyon, d'un corps d'armée ou d'une région, y compris le 6e corps d'armée et la 6e région	6.264 »	18 »	6.246 »	520 50	17 35	Décision présidentielle du 2 mars 1898
Intendant militaire.	Directeur de l'intendance du 19e corps d'armée	7.182 »	18 »	7.164 »	597 »	19 90	
	Directeur de l'intendance des troupes stationnées dans le gouvernement militaire de Paris	4.878 »	18 »	4.860 »	405 »	13 50	
	Directeur de l'intendance d'un corps d'armée ou d'une région, y compris le 6e corps d'armée et la 6e région	3.834 »	18 »	3.816 »	318 »	10 60	Décision présidentielle du 2 mars 1898.
	Directeur de l'intendance d'une division en Algérie	5.760 »	18 »	5.742 »	478 50	15 95	
	Directeur de l'intendance des 1er et 20e corps d'armée	4.878 »	18 »	4.860 »	405 »	13 50	Si le titulaire est intendant général, il a droit à l'indemnité de service afférente à ce grade (6.264 fr.). Ces fixations seraient également applicables dans les 6e, 7e, 14e et 15e corps d'armée, dans le cas où les deux directions de l'intendance existant dans chacun d'eux viendraient à être réunies en une seule direction. (Décision présidentielle du 2 mars 1898.)
Sous-intendant militaire.	Faisant fonctions de directeur de l'intendance d'une division en Algérie						
	Directeur de l'intendance de la division d'occupation en Tunisie	3.978 »	18 »	3.960 »	330 »	11 »	
	Chef de service d'une division en Algérie						
Sous-intendant militaire.	Chef de service à Briançon	900 »	18 »	882 »	73 50	2 45	
	Chef de service dans les autres places à l'intérieur	720 »	18 »	702 »	58 50	1 95	
	Chef de service en Algérie et en Tunisie	810 »	18 »	792 »	66 »	2 20	

GRADES ET EMPLOIS.		FIXATION budgétaire de l'indemnité par an.	A DÉDUIRE le montant de l'abonnement au *Journal officiel*.	SOMME NETTE A PAYER par an.	par mois.	par jour.	OBSERVATIONS.
		fr. c.	fr. c.	fr. c.	fr. c.	fr. c.	
Médecin inspecteur général.	Président du comité technique de santé	5.886 »	18 »	5.868 »	489 »	16 30	
Médecin inspecteur.	Directeur de l'École de médecine et de pharmacie militaires	4.680 »	18 »	4.662 »	388 50	12 95	
	Directeur de l'École du service de santé militaire de Lyon						
Directeur du service de santé.	du gouvernement militaire de Paris	4.698 (1)	18 »	4.680 »	390 »	13 »	(1) Avec cette indemnité, le directeur de Paris doit assurer le service des magasins centraux à Paris.
	des 1er, 6e, 7e, 14e, 15e, 19e et 20e corps d'armée (2)	2.988 »	18 »	2.970 »	247 50	8 25	(2) Décision présidentielle du 2 mars 1898.
	dans les autres corps d'armée de l'intérieur et dans chacune des divisions d'Alger, d'Oran, de Constantine	2.592 »	18 »	2.574 »	214 50	7 15	
	de la division d'occupation de Tunisie	2.592 »	18 »	2.574 »	214 50	7 15	
	Chef d'état-major de l'artillerie ou du génie d'un corps d'armée	774 »	»	774 »	64 50	2 15	
	des commandants de l'artillerie des places et des forts de Paris et de Lyon	774 »	»	774 »	64 50	2 15	
	de la 14e division d'infanterie	1.206 »	»	1.206 »	100 50	3 35	
	de la 29e division d'infanterie	1.206 »	»	1.206 »	100 50	3 35	
	Chef d'état- d'une division	972 »	»	972 »	81 »	2 70	
	d'une division en Algérie	1.566 »	»	1.566 »	130 50	4 35	

GRADES ET EMPLOIS.		FIXATION budgétaire	A DÉDUIRE	par an.	par mois.	par jour.	OBSERVATIONS.
Officier supérieur.	major des états-majors de places fortes	972 »	»	972 »	81 »	2 70	
	du commandant supérieur de Paris, major de la place	1.386 »	»	1.386 »	115 50	3 85	
	du gouverneur de Briançon	1.188 »	»	1.188 »	99 »	3 30	
	de la division d'occupation en Tunisie	1.998 »	»	1.998 »	166 50	5 55	
	Chef du service des renseignements en Tunisie	2.088 »	»	2.088 »	174 »	5 80	
	commandant supérieur de Kçar-Médenine	2.016 »	»	2.016 »	168 »	5 60	Décision présidentielle du 13 février 1898.
	commandant supérieur de Kebilli	1.620 »	»	1.620 »	135 »	4 50	
Officier commandant de cercle en Algérie et en Tunisie.	Colonel ou lieutenant-colonel	1.440 »	»	1.440 »	120 »	4 »	
	Chef de bataillon ou d'escadron	1.080 »	»	1.080 »	90 »	3 »	
	Capitaine	900 »	»	900 »	75 »	2 50	
Officier supérieur d'artillerie inspecteur	des forges / des manufactures d'armes / des poudreries	2.250 »	»	2.250 »	187 50	6 25	
Officier d'artillerie sous-inspecteur des forges		576 »	»	576 »	48 »	1 60	
Officier supérieur d'artillerie directeur	d'une direction d'artillerie de 1re classe	2.268 »	18 »	2.250 »	187 50	6 25	
	d'une direction d'artillerie de 2e classe	1.692 »	18 »	1.674 »	139 50	4 65	
	d'une direction d'artillerie de 3e classe	1.494 »	18 »	1.476 »	123 »	4 10	
	de l'atelier de construction de Tarbes	2.268 »	18 »	2.250 »	187 50	6 25	
	de l'atelier de construction de Vernon, Puteaux, Bourges, Rennes	1.692 »	18 »	1.674 »	139 50	4 65	
	de l'atelier de construction de Douai	1.494 »	18 »	1.476 »	123 »	4 10	
	de l'École centrale de pyrotechnie / de fonderie / de poudrerie / de la manufacture d'armes de Châtellerault ou de Saint-Étienne	1.692 »	18 »	1.674 »	139 50	4 65	
	de la manufacture d'armes de Tulle	1.494 »	18 »	1.476 »	123 »	4 10	

Grades et emplois.		Fixation budgétaire de l'indemnité par an.	À déduire le montant de l'abonnement au *Journal officiel*.	Somme nette à payer par an.	Somme nette à payer par mois.	Somme nette à payer par jour.	Observations.
		fr. c.	fr. c.	fr. c.	fr. c.	fr. c.	
Président de la commission d'expériences de Calais		1.422 »	»	1.422 »	118 50	3 95	
Officier supérieur directeur du génie		2.376 »	18 »	2.358 »	196 50	6 55	
Directeur du service de la télégraphie militaire		2.376 »	18 »	2.358 »	196 50	6 55	
Général de brigade ou colonel commandant l'École de Saumur		4.680 »	18 »	4.662 »	388 50	12 95	
Colonel ou lieutenant-colonel.	commandant le Prytanée militaire	2.250 »	18 »	2.232 »	186 »	6 20	
Directeur de l'École d'administration de Vincennes		612 »	18 »	594 »	49 50	1 65	
Officier commandant	l'École militaire d'infanterie	2.250 »	18 »	2.232 »	186 »	6 20	
Officier commandant	l'École militaire de l'artillerie et du génie	1.476 »	18 »	1.458 »	121 50	4 05	
Officier commandant	une école militaire préparatoire d'infanterie, de cavalerie, d'artillerie et du génie et de l'orphelinat Hériot	594 »	»	594 »	49 50	1 65	
Officier commandant	l'École normale de gymnastique	792 »	»	792 »	66 »	2 20	
Officier commandant	une École régionale de tir	594 »	»	594 »	49 50	1 65	
Officier commandant	l'École normale de tir	1.080 »	»	1.080 »	90 »	3 »	
Officier commandant	une École d'application pour le tir de l'infanterie	594 »	»	594 »	49 50	1 65	Décision présidentielle du 19 juin 1898.
Officier supérieur.	Commandant une circonscription de remonte à l'intérieur. Directeur d'établissements hippiques en Algérie	1.206 »	»	1.206 »	100 50	3 35	

2° Corps de troupe.

Grades et emplois.		Fixation budgétaire de l'indemnité par an.	À déduire le montant de l'abonnement au *Journal officiel*.	Somme nette à payer par an.	Somme nette à payer par mois.	Somme nette à payer par jour.	Observations.
Colonel ou lieutenant-colonel	commandant un régiment d'infanterie, de zouaves, de tirailleurs algériens, étranger, d'artillerie, du génie	2.250 »	18 »	2.232 »	186 »	6 20	
Colonel ou lieutenant-colonel	de cavalerie (y compris les spahis)	1.818 »	18 »	1.800 »	150 »	5 »	
Officier supérieur commandant	un bataillon de chasseurs à pied. un bataillon d'infanterie légère d'Afrique	882 »	18 »	864 »	72 »	2 40	
Officier supérieur commandant	un escadron du train des équipages militaires	738 »	18 »	720 »	60 »	2 »	
Officier supérieur commandant	un bataillon d'artillerie de forteresse	1.008 »	18 »	990 »	82 50	2 75	Les indemnités ci contre ne se cumulent pas avec l'indemnité pour frais de bureau prévue pour les officiers supérieurs commandant un détachement formé de plusieurs compagnies du train ou du génie ou de plusieurs batteries.
Officier supérieur commandant	les compagnies du train des équipages militaires détachées à Paris ou en Algérie	720 »	»	720 »	60 »	2 »	
Officier supérieur commandant	les troupes du génie dans chacune des divisions de l'Algérie et en Tunisie	414 »	»	414 »	34 50	1 15	
Officier supérieur commandant	les troupes de l'artillerie dans chacune des divisions d'Algérie	522 »	»	522 »	43 50	1 45	
Officier supérieur commandant	l'artillerie de la division d'occupation en Tunisie	1.404 »	18 »	1.386 »	115 50	3 85	
Officier supérieur commandant	des batteries détachées en Corse. des batteries détachées en Tunisie	522 »	»	522 »	43 50	1 45	Cette indemnité est également attribuée aux officiers supérieurs commandant l'artillerie des 38e, 39e, 40e et 41e divisions d'infanterie, quand ils ne sont pas chefs de corps.
Officier supérieur commandant	les batteries de montagne des 14e et 15e corps d'armée	990 »	»	990 »	82 50	2 75	

Décision présidentielle du 2 mars 1898, *B. O.*, p. 165.

GRADES ET EMPLOIS.		FIXATION BUDGÉTAIRE de l'indemnité par an.	À DÉDUIRE le montant de l'abonnement au *Journal officiel*.	SOMME NETTE À PAYER par an.	SOMME NETTE À PAYER par mois.	SOMME NETTE À PAYER par jour.	OBSERVATIONS.
		fr. c.	fr. c.	fr. c.	fr. c.	fr. c.	
Général de division.	commandant le 6e corps d'armée..	13.540 »	40 »	13.500 »	1.125 »	37 50	
	commandant le 20e corps d'armée.	12.460 »	40 »	12.420 »	1.035 »	34 50	
Général de brigade ou officier supérieur.	Chef d'état-major des 6e et 20e corps d'armée........................	5.382 »	18 »	5.364 »	447 »	14 90	
Intendant général.	Directeur de l'intendance du gouvernement militaire de Lyon, d'un corps d'armée ou d'une région (y compris le 6e corps d'armée et la 6e région)......................	6.264 »	18 »	6.246 »	520 50	17 35	
Intendant militaire.	Directeur de l'intendance d'un corps d'armée ou d'une région (y compris le 6e corps d'armée et la 6e région)......................	3.834 »	18 »	3.816 »	318 »	10 60	
Intendant militaire..	Directeur de l'intendance des 1er et 20e corps d'armée..............	4.878 »	18 »	4.860 »	405 »	13 50	Si le titulaire est intendant général, il a droit à l'indemnité de service afférente à ce grade (6.264 fr.). Ces fixations seraient également applicables dans les 6e, 7e, 14e et 15e corps d'armée, dans le cas où les deux directions de l'intendance existant dans chacun d'eux viendraient à être réunies en une seule direction.
Directeur du service de santé.	des 1er, 6e, 7e, 14e, 15e, 19e et 20e corps d'armée..................	2.988 »	18 »	2.970 »	247 50	8 25	

INDEMNITÉS POUR FRAIS DE BUREAU.

DÉSIGNATION DES GRADES ET EMPLOIS.	FIXATION DES FRAIS DE BUREAU par an.	par mois.	par jour.	OBSERVATIONS.
	fr. c.	fr. c.	fr. c.	
1° Etats-majors et services divers.				
Général de brigade commandant la place de Versailles	1.278 »	106 50	3 55	Cette indemnité se cumule avec l'indemnité pour frais de service.
Major de garnison dans une place dans laquelle réside un commandant de corps d'armée ou un général de division	252 »	21 »	» 70	Cette somme est élevée à 396 francs par an pour le major de garnison à Marseille.
Major de garnison dans une place dans laquelle réside un général command. une brigade (1)	198 »	16 50	» 55	
Commandant d'armes dans une place ou ville ayant des annexes	108 »	9 »	» 30	Quand le nombre des chevaux achetés pendant le cours d'une année est supérieur à 1,000, les fixations dues, à titre de frais de bureau, aux commandants des établissements de remonte sont augmentées de 20 fr. par an pour chaque centaine ou fraction de centaine de chevaux achetés en sus dudit nombre. Dans aucun cas, le total de l'allocation supplémentaire ne peut dépasser 500 francs. (Décis. présid. du 21 mars 1892.)
Commandant d'armes dans une place ou ville sans annexes	54 »	4 50	» 15	
Commandant un dépôt de remonte dans un chef-lieu de circonscription à l'intérieur	810 »	67 50	2 25	
Commandant un dépôt de remonte dans les autres places	612 »	51 »	1 70	
Commandant un dépôt de remonte en Algérie	666 »	55 50	1 85	
Commandant un dépôt de remonte et un dépôt d'étalons en Algérie et en Tunisie	900 »	75 »	2 50	
Commandant les établissements hippiques de Suippes (2)	810 »	67 50	2 25	
Commandant la jumenterie de Tiaret	540 »	45 »	1 50	
Commandant d'une annexe d'un dépôt de remonte	360 »	30 »	1 »	Décision présidentielle du 10 février 1897.
Commandant d'armes de la place de Chartres	144 »	12 »	» 40	Décision présidentielle du 31 janvier 1894.
Commandant d'armes de la place de Longwy	198 »	16 50	» 55	Décision présidentielle du 2 août 1894.
2° Corps de troupe.				
§ 1er. — ARMÉE ACTIVE.				
INFANTERIE.				
Major (1 régiment) d'infanterie de ligne	306 »	25 50	» 85	
Major (1 régiment) de zouaves	450 »	37 50	1 25	
Major (1 régiment) de tirailleurs algériens	450 »	37 50	1 25	
Major (1 régiment) de la légion étrangère	396 »	33 »	1 10	
Capitaine-major (bataillon) de chasseurs à pied	162 »	13 50	» 45	
Capitaine-major (bataillon) d'infanterie légère d'Afrique	306 »	25 50	» 85	Décision présidentielle du 27 mars 1893.
Officier d'habillement (A) : Régiment d'infanterie de ligne ; Bataillon de chasseurs à pied	486 »	40 50	1 35	
Officier d'habillement (A) : Régiment de zouaves ; tirailleurs algériens ; la légion étrangère	594 »	49 50	1 65	
Officier d'habillement (A) : Bataillon d'infanterie légère d'Afrique	594 »	49 50	1 65	

(1) La même indemnité décomptée sur le pied de 16 fr. 50 par mois, soit 0 fr. 55 par jour, est allouée au major de la garnison du camp de Châlons, pendant la période des écoles à feu et des tirs de combat. (Décis. présid. du 5 novembre 1896, *B. O.*, p. 282.)

(2) A charge par ce commandant de subvenir à toutes les dépenses de bureau de l'officier comptable et trésorier. (Décret du 28 juin 1894.)

(A) La quotité des frais de bureau des officiers d'habillement est augmentée de 0 fr. 20 par jour quand ces officiers tiennent garnison dans une place où ils perçoivent l'indemnité pour résidence dans Paris, et qu'il ne leur est pas fourni de local pour l'installation de leur bureau.

DÉSIGNATION DES GRADES ET EMPLOIS.			Fixation des frais de bureau par an. fr. c.	par mois. fr. c.	par jour. fr. c.	OBSERVATIONS.
Trésorier (B).	Régiment d'infanterie (1)........	Allocations générales y compris celles afférentes à l'état-major, au petit état-major et à la section hors rang....................	1.350 »	112 50	3 75	Avec augmentation de 36 francs par an pour chacun des adjudants du petit état-major des bataillons administrés par la portion centrale. La fixation des allocations générales s'applique à un régiment de 12 compagnies. Pour chaque compagnie en sus ou en moins, elle est augmentée ou diminuée de 18 fr. par an.
		Majoration pour un effectif supérieur à 2.200 hommes, par 1.000 hommes ou fraction de 1.000 hommes en plus (C)......................	108 »	9 »	» 30	
		Par compagnie administrée par la portion centrale	61 20	5 10	» 17	
		Allocations supplémentaires (D) : 1° Pour tout détachement fort d'au moins 2 compagnies et administré par l'officier commandant..... ayant une infirmerie....	72 »	6 »	» 20	
		1° (suite) n'ayant pas d'infirmerie (E)........	39 60	3 30	» 11	
		2° Pour tout détachement comprenant au moins une compagnie et moins de 2 compagnies et administré par l'officier commandant ayant une infirmerie....	57 60	4 80	» 16	Il est produit pour la fraction de compagnie des situations administratives de dizaine.
		2° (suite) n'ayant pas d'infirmerie (E)........	28 80	2 40	» 08	
		3° Pour tout détachement faisant percevoir le prêt de la portion dont il relève, ayant une infirmerie	28 80	2 40	» 08	Aucune allocation n'est faite quand il n'y a pas d'infirmerie (E).
		4° Pour une fraction de compagnie administrée par l'officier commandant (E).....	18 »	1 50	» 05	Il est produit pour ces fractions de compagnie des situations administratives de dizaine.
		5° Pour une fraction de compagnie administrée par le sous-officier commandant (E).	7 20	» 60	» 02	
		6° Pour une fraction de compagnie ne s'administrant pas séparément mais fournissant des situations administratives de dizaine (E)........................	3 60	» 30	» 01	
	Bataillon de chasseurs à pied ...	Allocations générales y compris celles afférentes à l'état-major, au petit état-major et à la section hors rang....................	1.188 »	99 »	3 30	Avec augmentation de 36 francs par an pour l'adjudant du petit état-major comptant à l'effectif de la portion centrale. La fixation des allocations générales s'applique à un bataillon de 6 compagnies. Pour chaque compagnie en sus ou en moins, elle est augmentée ou diminuée de 18 fr. par an.
		Majoration pour un effectif supérieur à 1.000 hommes, par 500 hommes ou fraction de 500 hommes en plus (C)......................	54 »	4 50	» 15	
		Par compagnie administrée par la portion centrale	61 20	5 10	» 17	
		Allocations supplémentaires pour les détachements......................	»	»	»	Mêmes fixations que pour les trésoriers des régiments d'infanterie.
	Régiment de zouaves...........	Allocations générales y compris celles afférentes à l'état-major, au petit état-major et à la section hors rang	1.512 »	126 »	4 20	Avec augmentation de 36 francs par an pour chacun des adjudants du petit état-major comptant à l'effectif de la portion centrale. La fixation des allocations générales s'applique à un régiment de 18 compagnies. Pour chaque compagnie en sus ou en moins, elle est augmentée ou diminuée de 25 fr. 20 par an.

(B) La quotité des allocations générales fixée pour les trésoriers est augmentée de 30 centimes par jour quand ces officiers tiennent garnison dans une place où ils perçoivent l'indemnité pour résidence dans Paris, et qu'il ne leur est pas fourni de local pour l'emplacement de leur bureau.

(C) L'effectif devant servir de base à cette allocation sera déterminé trimestriellement par le nombre de journées de présence et d'absence des officiers et des hommes, y compris les subsistants, mais à l'exclusion des réservistes. Ces dispositions doivent être entendues dans ce sens que le décompte de l'effectif qui sert de base au supplément à titre de majoration doit embrasser toute la durée d'un trimestre, de sorte que le supplément dont s'agit est dû seulement dans le cas où l'effectif moyen du trimestre dépasse le chiffre indiqué au tarif pour ouvrir droit audit supplément. (Note minist. du 30 octobre 1891.)

(D) Moyennant ces allocations, le trésorier a à sa charge la fourniture des registres et imprimés nécessaires à l'officier ou au sous-officier commandant le détachement. L'allocation de 54 fr. par an fixée plus loin pour les officiers administrant des détachements forts d'au moins 2 compagnies ou 2 escadrons est destinée à faire face aux dépenses de fournitures de bureau.

(E) Lorsque les hommes du détachement sont traités dans une infirmerie de garnison, le trésorier supporte la quote-part des dépenses des registres et imprimés se rattachant au service de l'infirmerie.

DÉSIGNATION DES GRADES ET EMPLOIS.				FIXATION DES FRAIS DE BUREAU par an.	par mois.	par jour.	OBSERVATIONS.
				fr. c.	fr. c.	fr. c.	
Trésorier (B) (*Suite*).	Régiment de zouaves (*Suite*)	Majoration pour un effectif supérieur à 3,500 hommes, par 1,000 hommes ou fraction de 1,000 hommes en plus (C)		108 »	9 »	» 30	
		Pour chaque compagnie administrée par la portion centrale		72 »	6 »	» 20	
		Allocations supplémentaires (D) : 1° Pour tout détachement fort d'au moins 2 compagnies et administré par l'officier commandant	ayant une infirmerie	79 20	6 60	» 22	
			n'ayant pas d'infirmerie (E)	46 80	3 90	» 13	
		2° Pour tout détachement comprenant au moins une compagnie et moins de 2 compagnies et administré par l'officier commandant.	ayant une infirmerie	61 20	5 10	» 17	Il est produit pour la fraction de compagnie des situations administratives de dizaine.
			n'ayant pas d'infirmerie (E)	32 40	2 70	» 09	
		3° Pour tout détachement faisant percevoir le prêt à la portion dont il relève, ayant une infirmerie		32 40	2 70	» 09	Aucune allocation n'est faite quand il n'y a pas d'infirmerie.
		4° Pour une fraction de compagnie administrée par l'officier commandant (E)		25 20	2 10	» 07	Il est produit pour ces fractions de compagnie des situations administratives de dizaine.
		5° Pour une fraction de compagnie administrée par le sous-officier commandant (E)		10 80	» 90	» 03	
		6° Pour une fraction de compagnie ne s'administrant pas séparément, mais fournissant des situations administratives de dizaine (E)		3 60	» 30	» 01	
	Régiment de tirailleurs algériens. Régiment étranger	Allocations générales y compris celles afférentes à l'état-major, au petit état-major et à la section hors rang		1.494 »	124 50	4 15	Avec augmentation de 36 francs par an pour chacun des adjudants du petit état-major comptant à l'effectif de la portion centrale. La fixation des allocations générales s'applique à un régiment de 17 compagnies. Pour chaque compagnie en sus ou en moins, elle est augmentée ou diminuée de 25 fr. 20 par an.
		Majoration pour un effectif supérieur à 3,500 hommes, par 1,000 hommes ou fraction de 1,000 hommes en plus (C)		108 »	9 »	» 30	
		Pour chaque compagnie administrée par la portion centrale		72 »	6 »	» 20	
		Allocations supplémentaires pour les détachements		»	»	»	Mêmes fixations que pour les trésoriers des régiments de zouaves.
	Bataillon d'infanterie légère d'Afrique	Allocations générales y compris celles afférentes à l'état-major, au petit état-major et à la section hors rang		1.404 »	117 »	3 90	Avec augmentation de 36 francs par an pour chacun des adjudants du petit état-major. La fixation des allocations générales s'applique à un bataillon de 6 compagnies. Pour chaque compagnie en sus ou en moins, elle est augmentée ou diminuée de 25 fr. 20 par an.
		Majoration pour un effectif supérieur à 2,200 hommes, par 1,000 hommes ou fraction de 1,000 hommes en sus (C)		108 »	9 »	» 30	
		Pour chaque compagnie administrée par la portion centrale		82 80	6 90	» 23	
		Allocations supplémentaires pour les détachements		»	»	»	Mêmes fixations que pour les trésoriers des régiments de zouaves.
	Compagnie de discipline	Lieutenant faisant fonctions de trésorier. — Allocations générales		396 »	33 »	1 10	Pour faire face à toutes les dépenses.
		Majoration pour un effectif supérieur à 300 hommes, par 150 hommes ou fraction de 150 hommes en plus (C)		90 »	7 50	» 25	

DÉSIGNATION DES GRADES ET EMPLOIS.				FIXATION DES FRAIS DE BUREAU par an.	par mois.	par jour	OBSERVATIONS.
				fr. c.	fr. c.	fr. c.	
Trésorier (B) (*Suite*).	Compagnie de discipline (*Suite*)..	Allocations supplémentaires	Pour une fraction de la compagnie administrée par l'officier commandant (E)........	25 20	2 10	» 07	
			Pour une fraction de la compagnie administrée par le sous-officier commandant (E).	10 80	» 90	» 03	
			Pour une fraction de la compagnie ne s'administrant pas séparément mais fournissant des situations administratives de dizaine (E).............................	3 60	» 30	» 01	
Officier payeur (F).	Régiment d'infanterie de ligne..		Allocations générales y compris celles afférentes à la fraction de l'état-major, du petit état-major et de la section hors rang....................	720 »	60 »	2 »	Avec augmentation de 36 francs par an pour chacun des adjudants du petit état-major de bataillon comptant à l'effectif de la portion principale.
			Pour chacune des compagnies administrées par la portion principale........................	61 20	5 10	» 17	
			Allocations supplémentaires pour les détachements....................................	»	»	»	Mêmes fixations que pour les trésoriers des régiments d'infanterie.
	Bataillon de chasseurs à pied ...		Allocations générales y compris celles afférentes à la fraction de l'état-major, du petit état-major et de la section hors rang....................	522 »	48 50	1 45	Avec augmentation de 36 francs par an pour l'adjudant du petit état-major comptant à l'effectif de la portion principale.
			Pour chacune des compagnies administrées par la portion principale........................	61 20	5 10	» 17	
			Allocations supplémentaires pour les détachements....................................	»	»	»	Mêmes fixations que pour les trésoriers des régiments d'infanterie.
	Régiment de zouaves, de tirailleurs algériens, régiments étrangers.		Allocations générales y compris celles afférentes à la fraction de l'état-major, du petit état-major et de la section hors rang....................	864 »	72 »	2 40	Avec augmentation de 36 francs par an pour chacun des adjudants du petit état-major comptant à l'effectif de la portion principale.
			Pour chacune des compagnies administrées par la portion principale........	72 »	6 »	» 20	
			Allocations supplémentaires....................	»	»	»	Mêmes fixations que pour les trésoriers des régiments de zouaves.
Officier ..	supérieur commandant la portion centrale ou la portion principale d'un régiment, sans exercer le commandement supérieur du corps.			306 »	25 50	» 85	Pour faire face aux dépenses de fournitures de bureau, voir renvoi D
	administrant un détachement composé d'au moins 2 compagnies (G).			54 »	4 50	» 15	
	commandant un petit dépôt de zouaves ou de tirailleurs à l'intérieur ou en Algérie			360 »	30 »	1 »	
	commandant la portion centrale d'un bataillon de chasseurs à pied (H).			90 »	7 50	» 25	L'allocation se cumule avec une autre indemnité pour frais de service ou de bureau pour l'officier remplissant deux fonctions à l'intérieur d'un même corps. (Décis. présid. du 6 juin 1891.)
	commandant un dépôt d'isolés en Algérie			396 »	33 »	1 10	
	commandant la portion centrale des régiments régionaux d'infanterie pourvus d'un seul conseil à la portion principale			90 »	7 50	» 25	Décision présidentielle du 13 mars 1894.
CAVALERIE.							
Major. Régiment	de cuirassiers, de dragons, de chasseurs et de hussards...........			306 »	25 60	» 85	
	de chasseurs d'Afrique.......................................			396 »	33 »	1 10	
	de spahis...			396 »	33 »	1 10	
Officier d'habillement (A).	Régiment de cuirassiers, de dragons, de chasseurs et hussards.....			486 »	40 50	1 35	
	Régiment de chasseurs d'Afrique..............................			540 »	45 »	1 50	
	Régiment de spahis...			666 »	55 50	1 85	

(F) La quotité des allocations générales fixée pour les officiers payeurs est augmentée de 20 centimes par jour quand ces officiers tiennent garnison dans une place où ils perçoivent l'indemnité pour résidence dans Paris, et qu'il ne leur est pas fourni de local pour l'installation de leurs bureaux. Les allocations faites à l'officier payeur comprennent les dépenses du fonctionnaire major et de l'officier d'habillement. La somme à prélever sur son abonnement pour faire face à ces dépenses est réglée par une délibération du conseil d'administration.

(G) Cette allocation n'est pas due au commandant de bataillon formant corps pour lesquels les frais de bureau sont compris dans les frais de service.

DÉSIGNATION DES GRADES ET EMPLOIS.				FIXATION DES FRAIS DE BUREAU par an.	par mois.	par jour.	OBSERVATIONS.
				fr. c.	fr. c.	fr. c.	
Trésorier (E).	Régiment de cuirassiers, de dragons, de chasseurs et de hussards.	Allocations générales y compris celles afférentes à l'état-major, au petit état-major et au peloton hors rang		1.332 »	111 »	3 70	Avec augmentation de 48 francs par an pour frais de bureau de la salle du rapport. La fixation des allocations générales s'applique à un régiment de 5 escadrons. Pour chaque escadron en sus ou en moins, elle est augmentée ou diminuée de 48 francs par an.
		Pour chaque escadron administré par la portion centrale		72 »	6 »	» 20	
		Allocations supplémentaires (D). 1° Pour tout détachement fort d'au moins 2 escadrons et administré par l'officier commandant	ayant une infirmerie	72 »	6 »	» 20	
			n'ayant pas d'infirmerie (E)	39 60	3 30	» 11	
		2° Pour tout détachement comprenant au moins 1 escadron et moins de 2 escadrons et administré par l'officier commandant	ayant une infirmerie	57 60	4 80	» 16	Il est fourni pour la fraction d'escadron des situations administratives de dizaine.
			n'ayant pas d'infirmerie (E)	28 80	2 40	» 08	
		3° Pour tout détachement faisant percevoir le prêt à la portion dont il relève ayant une infirmerie		28 80	2 40	» 08	Aucune allocation n'est faite quand il n'y a pas d'infirmerie.
		4° Pour une fraction d'escadron administrée par l'officier commandant (E)		18 »	1 50	» 05	Il est fourni pour ces fractions d'escadron des situations administratives de dizaine.
		5° Pour une fraction d'escadron administrée par le sous-officier commandant (E)		7 20	» 60	» 02	
		6° Pour une fraction d'unité ne s'administrant pas séparément, mais fournissant des situations de dizaine (E)		3 60	» 30	» 01	
	Régiment de chasseurs d'Afrique.	Allocations générales, y compris celles afférentes à l'état-major, au petit état-major et au peloton hors rang		1.512 »	126 »	4 20	Avec augmentation de 48 francs par an pour frais de bureau de la salle du rapport. La fixation des allocations générales s'applique à un régiment de 5 escadrons. Pour chaque escadron en sus ou en moins, elles est augmentée ou diminuée de 25 fr. 20 par an.
		Par escadron administré par la portion centrale		82 80	6 90	» 23	
		Allocations supplémentaires (D). 1° Pour tout détachement fort d'au moins 2 escadrons et administré par l'officier commandant	ayant une infirmerie	79 20	6 60	» 22	
			n'ayant pas d'infirmerie (E)	46 80	3 90	» 13	
		2° Pour tout détachement comprenant au moins 1 escadron et moins de 2 escadrons, et administré par l'officier commandant	ayant une infirmerie	64 80	5 40	» 18	Il est fourni pour la fraction d'escadron des situations administratives de dizaine.
			n'ayant pas d'infirmerie (E)	36 »	3 »	» 10	
		3° Pour tout détachement faisant percevoir le prêt à la portion dont il relève, ayant une infirmerie		36 »	3 »	» 10	Aucune allocation n'est faite quand il n'y a pas d'infirmerie.
		4° Pour une fraction d'escadron administrée par l'officier commandant (E)		25 20	2 10	» 07	Il est fourni pour ces fractions d'escadron des situations administratives de dizaine.
		5° Pour une fraction d'escadron administrée par le sous-officier commandant (E)		10 80	» 90	» 03	
		6° Pour une fraction d'unité ne s'administrant pas séparément, mais fournissant des situations administratives de dizaine (E)		3 60	» 30	» 01	

DÉSIGNATION DES GRADES ET EMPLOIS.			FIXATION DES FRAIS DE BUREAU par an.	par an.	par jour.	OBSERVATIONS.
			fr. c.	fr. c.	fr. c.	
Trésorier (*Suite*) (B).	Régiment de spahis	Allocations générales y compris celles afférentes à l'état-major, au petit état-major et à la section hors rang	1.584 »	132 »	4 40	L'allocation s'applique à un régiment de 6 escadrons. Pour chaque escadron en sus ou en moins, elle est augmentée ou diminuée de 25 fr. 20 par an.
		Pour chaque escadron administré par la portion centrale	100 80	8 40	» 28	
		Allocations supplémentaires pour les détachements	»	»	»	Mêmes fixations que pour les trésoriers des régiments de chasseurs d'Afrique.
Officier payeur (F).	Régiment de cuirassiers, de dragons, de chasseurs et de hussards	Allocations générales, y compris celles afférentes à la fraction de l'état-major, du petit état-major et du peloton hors rang	648 »	54 »	1 80	Avec augmentation de 48 francs par an pour frais de bureau de la salle du rapport.
		Par escadron administré par la portion principale.	72 »	6 »	» 20	
		Allocation supplémentaire pour les détachements.	»	»	»	Même fixation que pour les trésoriers des mêmes régiments.
	Régiment de chasseurs d'Afrique.	Allocations générales, y compris celles afférentes à la fraction de l'état-major, du petit état-major et du peloton hors rang	720 »	60 »	2 »	Avec augmentation de 48 francs par an pour frais de bureau de la salle du rapport
		Par escadron administré par la portion principale.	82 80	6 90	» 23	
		Allocation supplémentaire pour les détachements.	»	»	»	Mêmes fixations que pour les trésoriers du même régiment.
	Régiment de spahis	Allocations générales, y compris celles afférentes à la fraction de l'état-major, du petit état-major et du peloton hors rang	720 »	60 »	2 »	
		Par escadron administré par la portion principale.	100 80	8 40	» 28	
		Allocations supplémentaires pour les détachements	»	»	»	Mêmes fixations que pour les trésoriers des régiments de chasseurs d'Afrique.
Commandant une compagnie de cavaliers de remonte.	A l'intérieur	Allocations générales	360 »	30 »	1 »	Pour faire face à toutes les dépenses.
		Majoration pour un effectif supérieur à 300 hommes, par 150 hommes ou fraction de 150 hommes en plus (C)	90 »	7 50	» 25	
		Allocations supplémentaires: Pour une fraction de compagnie administrée par l'officier commandant (E)	18 »	1 50	» 05	Il est fourni pour ces fractions de compagnie des situations administratives de dizaine.
		Allocations supplémentaires: Pour une fraction de compagnie administrée par le sous-officier commandant (E)	7 20	» 60	» 02	
		Allocations supplémentaires: Pour une fraction de compagnie ne s'administrant pas séparément, mais fournissant des situations administratives de dizaine (E)	3 60	» 30	» 01	
	En Algérie	Officier commmandant une compagnie en Algérie. Allocation générales	306 »	33 »	1 10	Pour faire face à toutes les dépenses.
		Majoration pour un effectif supérieur à 300 hommes, par 150 hommes ou fraction de 150 hommes en plus (C)	90 »	7 50	» 25	
		Allocations supplémentaires pour les détachements	»	»	»	Mêmes fixations que pour le trésorier du régiment de chasseurs d'Afrique, §§ 4, 5 et 6.
Officier commandant la portion centrale ou la portion principale d'un régiment sans exercer le commandement supérieur du corps			306 »	25 50	» 85	L'allocation se cumule avec une autre indemnité pour frais de service ou de bureau pour l'officier remplissant deux fonctions à l'intérieur d'un même corps. (Décis. prés. du 6 juin 1891.)
Officier administrant un détachement composé d'au moins 2 escadrons			54 »	4 50	» 15	Pour faire face aux dépenses de fournitures de bureau (voir renvoi D).
Officier commandant une fraction de compagnie de cavaliers de remonte détachée d'Algérie en Tunisie, pour faire face à toutes les dépenses			90 »	7 50	» 25	Le cas échéant, cette fraction de compagnie s'administre séparément. L'officier qui la commande établit des feuilles de journées au titre de la Tunisie et produit journellement une situation administrative au sous-intendant militaire.

DÉSIGNATION DES GRADES ET EMPLOIS.	FIXATION DES FRAIS DE BUREAU par an. fr. c.	par mois. fr. c.	par jour. fr. c.	OBSERVATIONS
ARTILLERIE.				
Officier commandant la portion centrale d'un régiment sans exercer le commandement supérieur du corps	90 »	7 50	0 25	Décision présidentielle du 4 février 1897, *B.O.*, p. 188.
Capitaine-major — Bataillon d'artillerie à pied	198 »	16 50	» 55	
Major — Régiment d'artillerie de campagne	306 »	25 50	» 85	
Officier d'habillement (A) — Bataillon d'artillerie à pied	486 »	40 50	1 35	
Officier d'habillement (A) — Régiment d'artillerie de campagne	594 »	49 50	1 65	
Trésorier (B) — Bataillon d'artillerie à pied — Allocations générales y compris celles afférentes à l'état-major, au petit état-major et au peloton hors rang	1.224 »	102 »	3 40	Cette fixation s'applique à un bataillon de 6 batteries. Pour chaque batterie en sus ou en moins, elle est augmentée ou diminuée de 18 francs par an.
Trésorier (B) — Bataillon d'artillerie à pied — Pour chaque batterie réunie à la portion centrale	75 60	6 30	» 21	
Trésorier (B) — Bataillon d'artillerie à pied — Allocations supplémentaires. — Pour une batterie détachée de la portion centrale ne s'administrant pas séparément et ayant une infirmerie particulière	28 80	2 40	» 08	Aucune allocation n'est faite s'il n'y a pas d'infirmerie
Trésorier (B) — Bataillon d'artillerie à pied — Allocations supplémentaires. — Pour une section de batterie détachée de la portion centrale et administrée par l'officier commandant (E)	18 »	1 50	» 05	Ces fractions de batterie fournissent des situations administratives de dizaine.
Trésorier (B) — Bataillon d'artillerie à pied — Allocations supplémentaires. — Pour une section de batterie détachée de la portion centrale ne s'administrant pas séparément, mais fournissant des situations administratives de dizaine (E)	3 60	» 30	» 01	
Trésorier (B) — Bataillon d'artillerie à pied — Allocations supplémentaires. — Par batterie s'administrant séparément, détachée en Algérie et en Tunisie	18 »	1 50	» 05	Pour frais de correspondance supplémentaire, etc.
Trésorier (B) — Bataillon d'artillerie à pied — Majoration pour un effectif supérieur à 1 000 hommes, par 500 hommes ou fraction de 500 hommes en plus (C)	54 »	4 50	» 15	Décision présidentielle du 19 février 1897, *B. O.*, p. 310.
Trésorier (B) — Régiment d'artillerie de campagne — Allocations générales, y compris celles afférentes à l'état-major, au petit état-major et au peloton hors rang	1.584 »	132 »	4 40	Avec augmentation de 48 fr. par an pour frais de bureau de la salle du rapport. Le régiment qui a l'administration de la musique perçoit, en outre, 7 fr. 20 par an. La fixation des allocations générales s'applique à un régiment de 12 batteries. Pour chaque batterie en sus ou en moins, elle est augmentée ou diminuée de 18 francs par an.
Trésorier (B) — Régiment d'artillerie de campagne — Pour chaque batterie réunie à la portion centrale	86 40	7 20	» 24	
Trésorier (B) — Régiment d'artillerie de campagne — Allocations supplémentaires pour les détachements	»	»	»	Mêmes fixations que pour les trésoriers des bataillons d'artillerie à pied.
Trésorier (B) — Régiment d'artillerie de campagne — Majoration pour un effectif supérieur à 1.500 hommes, par 500 hommes ou fraction de 500 hommes en plus (C)	54 »	4 50	» 15	Décision présidentielle du 19 février 1897, *B. O.*, p. 310.
Officier commandant. — Une compagnie d'ouvriers d'artillerie	360 »	30 »	1 »	Pour faire face à toutes les dépenses.
Officier commandant. — Majoration pour un effectif supérieur à 300 hommes, par 150 hommes ou fraction de 150 hommes en plus (C)	90 »	7 50	» 25	
Officier commandant. — Allocations supplémentaires — Pour une fraction de compagnie détachée de la portion centrale et administrée par l'officier commandant (E)	18 »	1 50	» 05	Ces fractions de compagnie fournissent des situations administratives de dizaine.
Officier commandant. — Allocations supplémentaires — Pour une fraction de compagnie détachée de la portion centrale et administrée par le sous-officier commandant (E)	7 20	» 60	» 02	
Officier commandant. — Allocations supplémentaires — Pour une fraction de compagnie détachée de la portion centrale ne s'administrant pas séparément, mais fournissant des situations administratives de dizaine (E)	3 60	» 30	» 01	
Officier commandant. — Une compagnie d'artificiers	360 »	30 »	1 »	Pour faire face à toutes les dépenses.
Officier commandant. — Majoration pour un effectif supérieur à 300 hommes, par 150 hommes ou fraction de 150 hommes en plus (C)	90 »	7 50	» 25	
Officier commandant. — Allocations supplémentaires pour les détachements	»	»	»	Mêmes fixations que pour les compagnies d'ouvriers d'artillerie.

DÉSIGNATION DES GRADES ET EMPLOIS.	FIXATION DES FRAIS DE BUREAU par an.	par mois.	par jour.	OBSERVATIONS.
	fr. c.	fr. c.	fr. c.	
Officier commandant un détachement s'administrant séparément et qui comprend : à l'intérieur : une batterie d'artillerie à pied	158 40	13 20	» 44	Pour faire face à toutes les dépenses, y compris celles afférentes à l'infirmerie particulière ou de garnison. Les fractions détachées fournissent au commandant de la portion principale de l'unité des situations administratives de dizaine.
une batterie d'artillerie de campagne	169 20	14 10	» 47	
Allocations supplémentaires pour les détachements. Mêmes fixations que pour les trésoriers des régiments.				
hors de France et en Corse : une batterie d'artillerie à pied	180 »	15 »	» 50	
une batterie montée	194 40	16 20	» 54	
une batterie de montagne	216 »	18 »	» 60	
Allocations supplémentaires : pour une section de batterie ou une fraction de compagnie détachée, administrée par l'officier commandant	25 20	2 10	» 07	
pour une section de batterie ou une fraction de compagnie ne s'administrant pas séparément, mais fournissant des situations administratives de dizaine (F)	3 60	» 30	» 01	L'officier commandant établit des feuilles de journées au titre de l'Algérie ou de la Tunisie et produit journellement une situation administrative au sous-intendant militaire. Le cas échéant, il est perçu supplémentairement : 25 fr. 20 par an pour un détachement de la fraction d'unité administrée par l'officier commandant; 10 fr. 80 par an pour un détachement de la fraction d'unité administrée par le sous-officier commandant; 3 fr. 60 pour un détachement de la fraction d'unité ne s'administrant pas séparément, mais fournissant des situations administratives de dizaine.
A l'officier commandant une fraction de compagnie d'ouvriers d'artillerie ou d'artificiers détachée de France en Algérie s'administrant séparément. Pour faire face à toutes les dépenses y compris celles de l'infirmerie	90 »	7 50	» 25	
A l'officier commandant une fraction de compagnie d'ouvriers d'artillerie détachée d'Algérie en Tunisie s'administrant séparément. Pour faire face à toutes les dépenses, y compris celles de l'infirmerie	90 »	7 50	» 25	
Officier supérieur commandant un détachement qui s'administre séparément et qui est formé de plusieurs compagnies ou batteries à l'intérieur	90 »	7 50	» 25	L'allocation se cumule avec une autre indemnité pour frais de service ou de bureau pour l'officier exerçant deux fonctions à l'intérieur du même corps. (Décis. prés. du 6 juin 1891.) Elle est destinée à faire face aux dépenses personnelles de bureau de l'officier commandant.
Officier supérieur commandant un détachement qui s'administre séparément et qui est formé de plusieurs compagnies ou batteries en Algérie et en Tunisie	306 »	25 50	» 85	
Officier supérieur commandant les batteries du 8e régiment d'artillerie à Toul	234 »	19 50	» 65	
Officier supérieur commandant l'artillerie des divisions de cavalerie indépendante	90 »	7 50	» 25	
Officier supérieur commandant un groupe d'au moins 5 batteries d'artillerie s'administrant séparément	234 »	19 50	» 65	Décision présidentielle du 17 décembre 1894.
Allocations fixées par la décision présidentielle du 5 novembre 1896, B. O., p. 283.				
Officier payeur chargé des détails. Allocations générales y compris celles afférentes à la fraction de l'état-major, du petit état-major et de la section hors rang	720 »	60 »	2 »	Avec augmentation de 48 francs par an pour frais de bureau de la salle du rapport.
Officier payeur chargé des détails. Pour chacune des batteries administrées par la portion principale	86 40	7 20	» 24	
Officier payeur chargé des détails. Allocations supplémentaires pour les détachements	»	»	»	Mêmes fixations que pour les trésoriers des régiments
Officier supérieur commandant un groupe d'au moins 6 batteries sans exercer le commandement supérieur du corps	306 »	25 50	» 85	
Officier commandant un détachement de 2 batteries	144 »	12 »	» 40	
Officier commandant un détachement de 3 batteries	172 80	14 40	» 48	
Officier commandant un détachement de 4 batteries	201 60	16 80	» 56	
Officier commandant un détachement de 5 batteries	234 »	19 50	» 65	
Trésorier. Allocations supplémentaires pour tout détachement d'au moins 2 batteries administrées par l'officier commandant ayant une infirmerie	79 20	6 60	» 22	
Trésorier. Allocations supplémentaires pour tout détachement d'au moins 2 batteries administrées par l'officier commandant n'ayant pas d'infirmerie	46 80	3 90	» 13	
Trésorier. Les autres allocations supplémentaires conformément aux tarifs en vigueur.				
GÉNIE.				
Major d'un régiment du génie : 1er, 2e, 3e, 4e, 6e et 7e régiments	378 »	31 50	1 05	Décision présidentielle du 16 juin 1897.
— — — 5e régiment	504 »	42 »	1 40	Décision présidentielle du 4 mars 1897.
Officier d'habillement d'un régiment du génie	594 »	49 50	1 65	

DÉSIGNATION DES GRADES ET EMPLOIS.		FIXATION DES FRAIS DE BUREAU par an.	FIXATION DES FRAIS DE BUREAU par mois.	FIXATION DES FRAIS DE BUREAU par jour.	OBSERVATIONS.
		fr. c.	fr. c.	fr. c.	
Trésorier (B).	Allocations générales y compris celles afférentes à l'état-major, au petit état-major et à la section hors rang	1.581 »	132 »	4 40	Avec augmentation de 48 francs par an pour frais de bureau de la salle du rapport. La fixation des allocations générales s'applique à un régiment de 21 compagnies. Pour chaque compagnie en sus ou en moins, elle est augmentée ou diminuée de 18 fr. par an.
Trésorier (B).	Majoration pour un effectif supérieur à 2.200 hommes, par 1.000 hommes ou fraction de 1.000 en plus (C)	108 »	9 »	» 30	Décision présidentielle du 19 février 1897, *B. O.*, p. 310.
Trésorier (B).	Par compagnie réunie à la portion centrale	75 60	6 30	» 21	
Trésorier (B).	Allocations supplémentaires : pour une compagnie détachée de la portion centrale ne s'administrant pas séparément et ayant une infirmerie particulière	28 80	2 40	» 08	Aucune allocation n'est faite quand il n'y a pas d'infirmerie
Trésorier (B).	Allocations supplémentaires : pour une fraction de compagnie détachée de la portion centrale administrée par l'officier qui la commande (E)	18 »	1 50	» 05	Ces fractions de compagnie fournissent des situations administratives de dizaine.
Trésorier (B).	Allocations supplémentaires : pour une fraction de compagnie détachée de la portion centrale administrée par le sous-officier qui la commande (E)	7 20	» 60	» 02	
Trésorier (B).	Allocations supplémentaires : par une fraction de compagnie ne s'administrant pas séparément, mais fournissant des situations administratives de dizaine (E)	3 60	» 30	» 01	
Trésorier (B).	Allocations supplémentaires : par compagnie s'administrant séparément, détachée en Algérie ou en Tunisie	18 »	1 50	» 05	Pour frais de correspondance supplémentaire, etc.
Officier	commandant une compagnie de sapeurs-mineurs s'administrant séparément (intérieur)	158 40	13 20	» 44	Pour faire face à toutes les dépenses y compris celles afférentes à l'infirmerie particulière ou de garnison. Les fractions d'unité détachées fournissent au commandant de la portion principale de l'unité des situations administratives de dizaine.
Officier	Allocations supplres. — Mêmes fixations que pour le trésorier du régt.				
Officier	commandant une compagnie de sapeurs-mineurs s'administrant séparément (Algérie et Tunisie)	180 »	15 »	» 50	
Officier	commandant une compagnie mixte en Algérie et en Tunisie (sapeurs-mineurs et sapeurs-conducteurs)	216 »	18 »	» 60	
Officier	commandant la compagnie mixte stationnée dans la division d'Alger.	360 »	30 »	1 »	Décision présidentielle du 24 août 1896. Dans le cas où l'effectif de cette compagnie mixte redeviendrait normal, l'officier commandant ladite compagnie reprendrait la fixation de 216 francs par an, 18 francs par mois, 0 fr. 60 par jour.
Officier	Allocations supplémentres pour les compagnies en Algérie et en Tunisie :				
Officier	Pour une fraction de compagnie détachée de la portion principale et administrée par l'officier qui la commande	25 20	2 10	» 07	Pour faire face à toutes les dépenses y compris celles afférentes à l'infirmerie particulière ou de garnison. Les fractions d'unité détachées fournissent au commandant de la portion principale de l'unité des situations administratives de dizaine.
Officier	Pour une fraction de compagnie détachée de la portion principale et administrée par le sous-officier qui la commande	10 80	» 90	» 03	
Officier	Pour une fraction de compagnie ne s'administrant pas séparément, mais fournissant des situations administratives de dizaine	3 60	» 30	» 01	
Officier supérieur	commandant un détachement qui s'administre séparément et qui est formé de plusieurs compagnies (intérieur)	90 »	7 50	» 25	L'allocation se cumule avec une autre indemnité pour frais de service et de bureau pour l'officier remplissant deux fonctions à l'intérieur d'un même corps. (Décis. prés. du 6 juin 1891.) Elle est destinée à faire face aux dépenses personnelles de bureau de l'officier commandant.
Officier supérieur	commandant un détachement qui s'administre séparément et qui est formé de plusieurs compagnies (Algérie et Tunisie)	306 »	25 50	» 85	
TRAIN DES ÉQUIPAGES MILITAIRES.					
Capitaine-major		162 »	13 50	» 45	
Officier d'habillement		486 »	40 50	1 35	
Trésorier (B).	Allocations générales y compris celles afférentes à l'état-major et au peloton hors rang	1.260 »	105 »	3 50	La fixation s'applique à un escadron de 3 compagnies. Pour chaque compagnie en sus ou en moins, elle est augmentée ou diminuée de 18 fr. par an.
Trésorier (B).	Majoration pour un effectif supérieur à 300 hommes, par 150 hommes ou fraction de 150 hommes au plus	90 »	7 50	» 25	Décision présidentielle du 19 février 1897, *B. O.*, p. 310.
Trésorier (B).	Pour chaque compagnie réunie à la portion centrale	79 20	6 60	» 22	
Trésorier (B).	Allocations supplémres : pour une compagnie détachée de la portion centrale ne s'administrant pas séparément et ayant une infirmerie particulière	28 80	2 40	» 08	Aucune allocation n'est faite quand il n'y a pas d'infirmerie
Trésorier (B).	Allocations supplémres : pour une fraction de compagnie détachée de la portion centrale et administrée par l'officier commandant (E)	18 »	1 50	» 05	Ces fractions de compagnie fournissent des situations administratives de dizaine.
Trésorier (B).	Allocations supplémres : pour une fraction de compagnie détachée de la portion centrale et administrée par le sous-officier commandant (E)	7 20	» 60	» 02	

DÉSIGNATION DES GRADES ET EMPLOIS.	FIXATION DES FRAIS DE BUREAU par an.	par mois.	par jour.	OBSERVATIONS.
	fr. c.	fr. c.	fr. c.	
Trésorier (D). Allocations supplémentres pour une fraction de compagnie détachée de la portion centrale ne s'administrant pas séparément, mais fournissant des situations administratives de dizaine (E)	3 60	» 30	» 01	
Trésorier (D). Allocations supplémentaires par compagnie s'administrant séparément, détachée en Algérie ou en Tunisie	18 »	1 50	» 05	Pour frais de correspondance supplémentaire, etc.
Officier commandant une compagnie s'administrant séparément (intérieur)	158 40	13 20	» 44	
Officier commandant. Allocations supplémentaires. — Comme pour les trésoriers des escadrons	»	»	»	
Officier commandant une compagnie mixte en Algérie ou en Tunisie	360 »	30 »	1 »	Pour faire face à toutes les dépenses, y compris celles afférentes à l'infirmerie particulière ou de garnison.
Officier commandant. Allocations supplémentaires pour une fraction de compagnie détachée de la portion principale, administrée par l'officier commandant	25 20	2 10	» 07	Les fractions d'unité détachées fournissent au commandant de la portion principale de l'unité des situations administratives de dizaine.
Officier commandant. Allocations supplémentaires pour une fraction de compagnie détachée de la portion principale, administrée par le sous-officier commandant	10 80	» 90	» 03	
Officier commandant. Allocations supplémentaires pour une fraction de compagnie détachée de la partie principale, ne s'administrant pas séparément, mais fournissant des situations administratives de dizaine	3 60	» 30	» 01	
Officier commandant. Allocations supplémentaires pour l'administration par la compagnie du chef-lieu de chaque division (Algérie et Tunisie) des soldats ordonnances d'officiers sans troupe	90 »	7 50	0 25	Décision présidentielle du 18 juin 1898.
Officier supérieur commandant un détachement qui s'administre séparément et qui est formé de plusieurs compagnies (intérieur)	90 »	7 50	» 25	L'allocation se cumule avec une autre indemnité pour frais de service et de bureau pour l'officier remplissant deux fonctions à l'intérieur d'un même corps. (Décis. présid. du 6 juin 1891.)
Officier supérieur commandant un détachement qui s'administre séparément et qui est formé de plusieurs compagnies (Algérie et Tunisie)	306 »	25 50	» 85	Elle est destinée à faire face aux dépenses personnelles de bureau de l'officier commandant.
SECTIONS D'ADMINISTRATION				
Officier commandant une section formant corps pour faire face à toutes les dépenses. Sections de secrétaires d'état-major, de commis et ouvriers d'administration, d'infirmiers militaires (intérieur)	360 »	30 »	1 »	
Majoration pour un effectif supérieur à 300 hommes, par 150 hommes ou fraction de 150 hommes en plus (G)	90 »	7 50	» 25	
Allocations supplémres pour une fraction de la section administrée par l'officier commandant	18 »	1 50	» 05	Ces fractions de section fournissent des situations administratives de dizaine.
Allocations supplémres pour une fraction de la section administrée par le sous-officier commandant	7 20	» 60	» 02	
Allocations supplémres pour une fraction de section ne s'administrant pas séparément, mais fournissant des situations administratives de dizaine	3 60	» 30	» 01	
Sections de secrétaires d'état-major, de commis et ouvriers d'administration, d'infirmiers militaires (Algérie)	396 »	33 »	» 10	
Majoration pour un effectif supérieur à 300 hommes, par 150 hommes ou fraction de 150 hommes en plus (G)	90 »	7 50	» 25	
Allocations supplémres pour une fraction de la section administrée par l'officier commandant	25 20	2 10	» 07	Ces fractions de section fournissent des situations administratives de dizaine.
Allocations supplémres pour une fraction de la section administrée par le sous-officier commandant	10 80	» 90	» 03	
Allocations supplémres pour une fraction de la section ne s'administrant pas séparément, mais fournissant des situations administratives de dizaine	3 60	» 30	» 01	
A l'officier commandant une fraction de section détachée d'Algérie en Tunisie pour faire face à toutes les dépenses	90 »	7 50	» 25	Le cas échéant, cette fraction de section s'administre séparément. L'officier qui la commande établit des feuilles de journées au titre de la Tunisie et produit journellement une situation administrative au sous-intendant militaire.

DÉSIGNATION DES GRADES ET EMPLOIS.	FIXATION DES FRAIS DE BUREAU par an.	par mois.	par jour.	OBSERVATIONS
	fr. c.	fr. c.	fr. c.	
SERVICES COMMUNS A TOUS LES CORPS DE TROUPE				
Service de santé. Médecin-chef d'une infirmerie de régiment de toutes armes, de bataillon de chasseurs à pied, de bataillon d'artillerie à pied, d'une infirmerie de garnison et d'une infirmerie hôpital	36 »	3 »	» 10	L'indemnité ci-contre (0 fr. 10) est attribuée au médecin chargé du service sanitaire du régiment de réserve, si un service sanitaire distinct pour ce régiment a été organisé pendant la période des convocations. Si, au contraire, le service sanitaire du corps de réserve est rattaché au service sanitaire du corps actif correspondant, le médecin chef du service du corps actif reçoit également la même indemnité de 0 fr. 10 cent. en sus de celle qui lui est attribuée réglementairement pour le service sanitaire normal du corps actif. (Note minist. du 13 décembre 1893.)
Service de santé. Médecin-chef d'une infirmerie d'escadron du train des équipages militaires et d'une infirmerie de détachement de différentes armes	25 20	2 10	» 07	
Service des ordinaires. — Officier secrétaire d'une commission d'ordinaire	72 »	6 »	» 20	
§ 2. — CORPS DE RÉSERVE ET DE L'ARMÉE TERRITORIALE.				
Chefs de corps de troupe de réserve. Lieutenant-colonel	»	»	6 »	Cette allocation est due pour chaque journée de convocation comme chef de corps de réserve, mais seulement si le corps de réserve est formé. (Décret du 17 octobre 1895 et instr. minist. du 18 mars 1896.) (A).
Chefs de corps de troupe de réserve.	»	»	»	
Chefs de corps de troupe de réserve. Chef de bataillon ou d'escadron	»	»	4 »	
Trésorier du corps actif chargé d'administrer les unités dont se compose le corps de réserve ou le corps territorial. 1° Allocation prévue ci-dessus par le présent tarif (colonne d'observations) selon les armes, à titre de supplément aux allocations générales du trésorier pour chaque unité venant s'ajouter éventuellement à celles qui ont servi de base pour la détermination des allocations générales de frais de bureau	»	»	»	Pendant les périodes de convocation en temps de paix. (Décret du 17 octobre 1895.) (C).
2° A l'allocation particulière à chaque unité	»	»	»	
3° S'il y a lieu, à l'allocation fixée pour les adjudants de bataillon (infanterie)	»	»	»	
Major du corps actif ou commandant d'une section active (B)	3 85	»	»	Par centaine d'hommes entrant dans la composition du corps territorial ou de la section territoriale à administrer. Toute fraction de centaine d'hommes, en sus, donne droit également à ladite allocation de 3 fr. 85 par an, chaque année, qu'il y ait ou non des convocations. (Décis. présid. du 11 décembre 1894.) (C). Pour la détermination de cette indemnité, il y a lieu de tenir compte des hommes de la réserve de l'armée territoriale qui continuent d'être administrés par le corps de rattachement. (Instr. minist. du 18 mars 1896.)

Allocation, à titre d'indemnité pour frais de bureau, d'une somme de 3 fr. 85 par centaine d'hommes et fraction en sus, pour l'administration, en temps de paix, des hommes de la réserve de l'armée territoriale affectés à la garnison de places fortes. (5e Dir., Serv. adm.; 3e Bur., Solde et Indemnité de route.)

Paris, le 6 avril 1897.

Mon cher Général,

Aux termes de la décision présidentielle du 11 décembre 1894, les majors des corps actifs de rattachement reçoivent, en temps de paix, sur les fonds de la solde, une indemnité annuelle de 3 fr. 85 par centaine d'hommes administrés et fraction en sus, pour l'administration des hommes de l'armée territoriale des corps rattachés.

Certains corps de troupe spéciaux étant chargés d'administrer les militaires de la réserve de l'armée territoriale affectés à la garnison d'une place (artillerie et infanterie) en vertu des dispositions de l'instruction confidentielle du 17 juillet 1885 (1re direction, 4e bureau), il m'a paru équitable de leur tenir compte des dépenses supplémentaires qui résultent de l'administration desdits militaires en temps de paix, ainsi que l'a prévu d'ailleurs, pour les hommes de la réserve de l'armée territoriale affectés à des corps territoriaux rattachés, l'article 59 (dernier alinéa) de l'instruction ministérielle du 18 mars 1896.

En conséquence, j'ai décidé que l'allocation annuelle de 3 fr. 85 prévue par la décision présidentielle susvisée du 11 décembre 1894 serait attribuée aux majors des corps de troupe en question par centaine d'hommes administrés et par fraction en sus, sous la réserve qu'ils auront réellement à tenir les contrôles spéciaux afférents à ces hommes, leurs livrets, leurs folios de punitions ainsi que leurs journaux et carnets de mobilisation. Cette allocation sera rappelée aux ayants droit à compter du 1er janvier 1897.

J'ai l'honneur de vous prier de vouloir bien faire assurer, en ce qui vous concerne, l'exécution de la mesure ci-dessus.

BILLOT.

(A) Le chef de bataillon ou d'escadron commandant exceptionnellement et, à défaut du chef de corps empêché, un régiment de réserve d'infanterie ou de cavalerie a droit à l'indemnité de frais de bureau fixée pour le lieutenant-colonel chef de corps. (Instr. minist. du 18 mars 1896.)

(B) Les majors des régiments d'artillerie et bataillons de forteresse des corps actifs recevront les mêmes allocations lorsque ces corps seront définitivement chargés de l'administration de l'artillerie territoriale. En attendant l'organisation définitive à intervenir, l'indemnité annuelle de 3 fr. 85 par centaine d'hommes ou fractions de centaine d'hommes est allouée aux chefs d'état-major des brigades d'artillerie chargés de l'administration provisoire de l'artillerie territoriale. (Décis. présid. du 11 décembre 1894.)

(C) Les mêmes allocations sont acquises dans les mêmes conditions qu'aux autres corps pour l'administration des bataillons de chasseurs à pied territoriaux et pour l'administration des escadrons territoriaux de cavalerie. (Décis. présid. du 11 décembre 1894.)

Nomenclature des dépenses à la charge des abonnements pour frais de bureau alloués dans les corps de troupe.

DÉSIGNATION DES SERVICES.	DÉSIGNATION SOMMAIRE DES REGISTRES, IMPRIMÉS, ETC., A LA CHARGE DES FRAIS DE BUREAU.	OBSERVATIONS. — NOTA. — Les situations, états, travaux d'inspection générale, pièces de conseil d'enquête et du service de la mobilisation, dont la production est du ressort du chef de corps, sont à la charge des frais de service qui lui sont alloués. Il en est de même du chauffage, de l'éclairage, et des frais de bureau du secrétaire.
	DÉPENSES A LA CHARGE DES FRAIS DE BUREAU DU MAJOR.	
Justice militaire.....	Un registre des déserteurs. Les signalements des déserteurs et autres pièces exigées. Bulletin de correspondance relative à la recherche des déserteurs.	
Recrutement et mobilisation...	Demandes d'actes de naissance et autres pièces concernant l'état civil des militaires de la réserve. Bulletins de demande des pièces nécessaires pour l'immatriculation des militaires et des chevaux. Bulletins d'avis de mutation adressés au recrutement pour les réservistes. Etats des notes pour les hommes gradés de la réserve. Carnet d'envoi des pièces reçues du recrutement concernant les réservistes. Bordereaux d'envoi des pièces adressées par le conseil d'administration au recrutement pour la réserve. Bordereaux d'envoi des pièces de correspondance diverses relatives aux militaires des escadrons territoriaux de cavalerie.	
Solde..............	Répertoire des permissionnaires faisant mutation. Répertoire des absents. Cahier trimestriel d'enregistrement des permissions de 24 heures.	
Dépenses diverses...	L'emplacement, le chauffage et l'éclairage des bureaux. Achat des fournitures de bureau.	

	DÉPENSES A LA CHARGE DES FRAIS DE BUREAU DE L'OFFICIER D'HABILLEMENT.	
Armement..........	Contrôles généraux des armes. Carnet pour servir à l'enregistrement des bulletins de réparation. Registre pour servir aux réparations exécutées. Carnet des munitions. Demande de versement d'armes. Procès-verbaux divers. Bulletin d'imputation des réparations exécutées aux armes en magasin. Etats émargés. Situations diverses. Contrôles pour la visite des armes. Pièces relatives à la comptabilité-matières. Fournitures de bureau de l'officier d'armement et, dans la cavalerie, du porte-étendard remplissant les fonctions d'officier d'armement.	Les mémoires et les quittances sont à la charge des créanciers. Erratum du 2 avril 1891.
Habillement, campement, harnachement............	Registre des entrées et des sorties du matériel (approvisionnement de l'Etat). Registre des entrées et des sorties du matériel (approvisionnement du corps). Registre des comptes ouverts avec les chefs ouvriers. Registre-journal des distributions du matériel. Contrôle général des instruments de musique. Contrôle général des effets de harnachement. Contrôle général des outils portatifs. Contrôle général des équipages régimentaires et d'état-major. Carnet des échantillons modèles-types. Registre de correspondance. Etats émargés. Demandes d'effets et pièces à l'appui. — Situations diverses. Registre des procès-verbaux de réception du matériel. Registre des matériaux d'emballage. Comptes de gestion et inventaires. Pièces diverses à l'appui de la comptabilité-matières. Inventaires des papiers à remettre au domaine.	Les factures, mémoires et quittances sont à la charge des créanciers.
Dépenses diverses...	L'emplacement, le chauffage et l'éclairage du bureau. Achat des fournitures de bureau.	

DÉSIGNATION DES SERVICES.	DÉSIGNATION SOMMAIRE DES REGISTRES, IMPRIMÉS, ETC., A LA CHARGE DES FRAIS DE BUREAU.	OBSERVATIONS.
	DÉPENSES A LA CHARGE DES FRAIS DE BUREAU DU TRÉSORIER (1).	
Administration et comptabilité intérieures des corps de troupe	Registre des délibérations du conseil. Registres matricules des chevaux. Registre journal des recettes et dépenses. Registre des fonds divers. Registre de centralisation des recettes et dépenses. Registre des distributions des denrées en nature. Registre de correspondance. Un catalogue des archives Carnet de caisse. Inventaire des papiers de son service à verser au Domaine.	
	Registre des recettes et dépenses pour les détachements et extraits de ce registre.	Quand il reçoit une indemnité pour les dépenses des détachements.
	Relevés des dépenses faites par le corps. Etats émargés pour les dépenses incombant à son service.	Les factures, mémoires et quittances sont à la charge des créanciers.
	Livret de compte courant avec le Trésor. Etats divers concernant les mouvements des fonds en dépôt au Trésor. Demandes de mandats, demandes de récépissés et déclarations de versements de fonds. Etats et bordereaux relatifs aux sommes dues aux chefs ouvriers.	
	Etats relatifs à la vente des fumiers. Bordereaux des sommes payées pour nourriture des chevaux. Etat des dépenses effectuées par la caisse du trésorier. Etat numérique des fumeurs. Situation de caisse.	Dans les corps où la masse de harnachement est en essai, ces imprimés sont au compte des frais de bureau alloués sur les fonds de cette masse.

DÉSIGNATION DES SERVICES.	DÉSIGNATION SOMMAIRE DES REGISTRES, IMPRIMÉS, ETC., A LA CHARGE DES FRAIS DE BUREAU.	OBSERVATIONS.
Solde	Registre de comptabilité trimestrielle. Feuilles d'émargement pour le payement de la solde des officiers et des indemnités dues aux sous-officiers rengagés. Etats comparatifs divers et bordereaux récapitulatifs. Certificats de cessation de payement. Feuilles de prêt et bordereaux récapitulatifs. Feuilles de décompte dans les corps qui pratiquent la masse individuelle.	
	Etats de solde (officiers). Etats de solde (troupe). Livret de solde pour les corps de troupe. Livret de solde pour les détachements.	Quand le trésorier reçoit une indemnité pour faire face aux dépenses des détachements.
	Contrôle des hommes et des chevaux. Situation administrative journalière. Situation administratives de dizaine. Etat des mutations.	*Idem.* Dans les corps où la comptabilité est nominative.
	Etat récapitulatif des droits constatés par les contrôles des hommes de recrue. Feuilles de journées des officiers, de la troupe et des chevaux. Registre d'effectif. Situation récapitulative des unités administratives passées en revue. Pièces diverses devant appuyer l'une des revues trimestrielles de liquidation destinées à l'administration centrale de la guerre. Etat des pièces à l'appui des feuilles de journées. Etat numérique des permissionnaires de 24 heures. Relevé trimestriel décompté des permissions de 24 heures constatant le montant des journées de solde à porter en diminution sur la revue de liquidation.	
Masses	Etats présentant le nombre de journées passées en subsistance par des militaires des corps et d'autres corps. Bordereaux récapitulatifs de ces états.	Mêmes états pour les chevaux dans les corps où la masse de harnachement est en essai.

(1) Les dépenses qui incombent au trésorier et notamment celles résultant de la fourniture aux commandants d'unités des imprimés nécessaires pour l'établissement des feuilles de journées (note minist. du 30 avril 1893), sont supportées, le cas échéant, par l'officier payeur qui supporte en outre, en cas de passage du pied de paix au pied de guerre, les dépenses résultant de l'achat des registres et imprimés relatifs à l'état civil, tels que : registre des actes de décès en campagne, extraits d'actes mortuaires, actes de disparition, etc.

DÉSIGNATION DES SERVICES.	DÉSIGNATION SOMMAIRE DES REGISTRES, IMPRIMÉS, ETC., A LA CHARGE DES FRAIS DE BUREAU.	OBSERVATIONS.
Masses (*suite*).......	Etat faisant ressortir les primes fixes acquises au corps. Comptes trimestriels de la masse d'habillement et d'entretien (nos 3 et 12). Etat des recettes et dépenses de la masse des écoles. Etats collectifs pour le payement de la masse d'habillement et d'entretien. Compte des recettes et dépenses de la masse de chauffage.	
Service intérieur....	Commission de vaguemestre. Certificats de bonne conduite Situations-rapports pour régiment. Situations pour bataillon. Situations journalières pour compagnie, escadron ou batterie. Registres d'ordres.	
Permissions et congés..............	Bulletins indicatifs de permissions ou de congés. Demandes de permissions ou de congés. Permissions ou congés pour officiers. Permissions ou congés pour sous-officiers et soldats. Bulletins indicatifs d'autorisation de changements de résidence.	Permission entraînant mutation.
Situations d'effectif..	Situation par grade ou générale (mensuelle). Etats des mutations survenues parmi les officiers, médecins et vétérinaires.	
Légion d'honneur....	Etats de payements. Etats des membres de la Légion d'honneur et de la médaille militaire entrés au corps. Certificats d'activité de service. Certificats de cessation de payement. Etat des légionnaires qui ont cessé de faire partie de l'ordre. Procès-verbaux d'individualité.	

Retraites, pensions, secours, gratifications de réforme..	Mémoires de proposition pour la retraite à titre d'ancienneté et états à l'appui. Demandes d'admission à la retraite et états à l'appui. Propositions de secours éventuels en faveur des réservistes. Mémres de proposition pr la gratification de réfme renouvelable. Rapports particuliers sur les officiers et adjudants en instance de retraite.	
Justice militaire.....	Extraits des jugements des conseils de discipline. Avis donné par un conseil de discipline. Plainte en conseil de guerre pour délit. Plainte en conseil de guerre pour désertion. Procès-verbal d'interrogatoire au corps. Procès-verbal d'information au corps.	
Remonte............	Etats des mutations survenues parmi les chevaux. Procès-verbaux de réforme et autres. Etats de demande, de vente ou de réintégration de chevaux. Livret de la commission de remonte. Procès-verbaux constatant la cession de chevaux.	
Service de santé....	Certificats de visite et de contre-visite. Certificats d'origine de blessures. Rapport journalier du service de santé. Mouvements des malades (états décadaires). Bulletin des mutations des médecins. Bons de bandages ou de lunettes. Certificats de visite (eaux minérales). Demandes de médicaments. Etats des matières et effets proposés pour la réforme. Registre médical d'incorporation. Registre des malades à la chambre Registre des malades à l'infirmerie. Registre des malades à l'hôpital. Registre des catégories. Registre des vaccinations et revaccinations. Registre des blessures de guerre. Registre des médicaments et du matériel. Billets d'entrée à l'hôpital. Bulletins indicatifs des militaires rayés de l'effectif soldé. Bordereaux des militaires désignés pour faire usage des eaux ou bains de mer. Etats relatifs à la statistique médicale.	

DÉSIGNATION DES SERVICES.	DÉSIGNATION SOMMAIRE DES REGISTRES, IMPRIMÉS, ETC., À LA CHARGE DES FRAIS DE BUREAU.	OBSERVATIONS.
Service vétérinaire..	Rapports de la commission pour une demande d'abatage. Rapports d'autopsie. Procès-verbaux d'abatage ou de mort des chevaux.	
Service des subsistances militaires...	Bon des denrées perçues en nature pour l'ensemble du corps. Extraits du registre des distributions de vivres et fourrages.	
Service du chauffage.	Etats des corps de garde, Feuilles de journées spéciales du chauffage. Etats des périodes d'occupation des fourneaux. Procès-verbaux de délivrance et de reprise des fourneaux.	
Service de l'indemnité de route..........	Etats de rejet de l'indemnité de route.	
Service des transports par chemins de fer.	Rapport annuel sur les exercices d'embarquement et de débarquement en chemins de fer. Rapport de reconnaissance sur le matériel.	
Service en campagne en manœuvres	Journal des marches et opérations, et états et relevés à l'appui.	
	Certificats de présence au corps. Certificats de présence au corps pour les secours accordés par les municipalités aux réservistes. Certificats d'aptitude et de bonne vie et mœurs pour engagements volontaires. Certificats d'acceptation et d'aptitude pour rengagements. Mémoires de proposition pour rengagement. Commission-brevet pour sous-officier rengagé. Bordereaux des pièces à l'appui des actes de rengagement. Signalement d'un engagé volontaire.	

DÉSIGNATION DES SERVICES.	DÉSIGNATION SOMMAIRE		OBSERVATIONS.
Recrutement et mobilisation..........	Feuillets matricules n° 9 pour les hommes passés dans la réserve. Bulletins d'avis de mutation adressés au recrutement pour l'armée active. Bordereau d'envoi des pièces adressées par le conseil d'administration au recrutement en ce qui concerne l'armée active. Etats nominatifs pour servir à l'affectation des hommes. Bulletin individuel d'un officier de réserve. Déclaration d'un officier pour être maintenu. Feuilles individuelles de renseignements pour sous-lieutenant de réserve. Certificats d'aptitude au grade de sous-lieutenant. Mémoires de proposition pour le grade de... dans la réserve. Demandes d'actes de naissance aux maires et autres pièces concernant l'état civil des militaires de l'armée active. Etats des rectifications de l'état civil demandés au général.		
Inspections générales	Etats signalétiques et de service pour troupe. Relevés des punitions. Etats des services des officiers.		
Enfants de troupe...	Demandes d'admission d'enfants de troupe et états à l'appui. Demandes d'admission pour une école préparatoire et états à l'appui. Bulletin trimestriel des mutations. Situation nominative des enfants de troupe inscrits.		
Service courant	Etats relatifs aux diverses propositions faites pour les officiers et pour la troupe. Bordereaux récapitulatifs des documents transmis au Ministre et aux bureaux de l'arme. Etats relatifs aux chevaux. Bordereaux récapitulatifs des états fournis trimestriellement. Etats des propositions faites en faveur des vétérinaires. Statistique des chevaux et mulets appartenant à l'Etat.		
Indemnité de frais de bureau aux adjudants, sergents-majors et maréchaux des logis chefs....	Régiments d'infanterie, bataillons de chasseurs à pied, régiments de zouaves, régiments de tirailleurs algériens, régiments étrangers, bataillons d'infanterie légère d'Afrique................	Adjudant du petit état-major ou de bataillon, 3 fr. par mois. Sergent-major de compagnie, 1 fr. 50 par mois.	La section hors rang participe à cette allocation.

DÉSIGNATION DES SERVICES.	DÉSIGNATION SOMMAIRE DES REGISTRES, IMPRIMÉS ETC., À LA CHARGE DES FRAIS DE BUREAU.		OBSERVATIONS.
Indemnité de frais de bureau aux adjudants, sergents-majors et maréchaux des logis chefs.... (*Suite.*)	Régiments de cuirassiers, de dragons, de chasseurs, de hussards, de chasseurs d'Afrique.........	Adjudants du petit état-major. Maréchal des logis chef d'escadron, 1 fr. 50 par mois.	Une somme unique de 48 francs par an est allouée pour faire face aux dépenses de frais de bureau de la salle du rapport et à l'achat du registre des rentrées après l'appel du soir et des punis. Le peloton hors rang participe à cette allocation.
	Régiments de spahis......	Maréchal des logis chef d'escadron, 3 francs par mois.	
	Bataillons d'artillerie à pied.....................	Maréchal des logis chef de batterie, 2 fr. 50 par mois.	
	Régiments d'artillerie de campagne..............	Adjudants du petit état-major. Maréchal des logis chef de batterie, 2 fr. 50 par mois.	Une somme unique de 48 francs par an est allouée pour faire face aux dépenses de frais de bureau de la salle du rapport et à l'achat du registre des rentrées après l'appel du soir et des punis. Le peloton hors rang participe à cette allocation.
	Régiments d'artillerie-pontonniers..............	Adjudant du petit état-major. Maréchal des logis chef de batterie, 2 fr. 50 par mois.	Une somme unique de 48 francs par an est allouée pour faire face aux dépenses de frais de bureau de la salle de rapport et à l'achat du registre des rentrées après l'appel du soir et des punis. Le peloton hors rang participe à cette allocation.
	Régiments du génie.....	Adjudants du petit état-major. Sergent-major ou maréchal des logis de compagnie, 2 fr. 50 par mois.	Une somme de 48 francs par an est allouée pour faire face aux frais de bureau de la salle du rapport et à l'achat du registre des rentrées après l'appel du soir et des punis. La section hors rang participe à cette allocation.
	Escadrons du train des équipages militaires....	Maréchal des logis chef de compagnie, 2 fr. 50 par mois.	Le peloton hors rang participe à cette allocation.

Dépenses diverses...	Chauffage et éclairage des bureaux. Emplacement des bureaux. Fournitures et ustensiles de bureau et toutes autres dépenses qu'entraîne la gestion du trésorier de quelque valeur qu'elle soit.	

NOTA. — En cas de décès ou de changement de destination d'un trésorier ou d'un officier payeur, le nouveau titulaire doit tenir compte à son prédécesseur ou à sa succession de la valeur relative des carnets de comptabilité trimestrielle en service eu égard à la durée qu'ils ont à parcourir. Il doit aussi rembourser la valeur des imprimés qui lui sont remis s'il peut les utiliser pour son service.

D'après le même principe, lorsqu'une portion de corps destinée à s'administrer séparément se détache de la portion principale ou que les deux portions se réunissent, le trésorier et l'officier payeur se tiennent également compte entre eux de la valeur des carnets de comptabilité en service.

Les allocations de frais de bureau ont été assez largement fixées pour qu'elles puissent supporter, le cas échéant, la charge des dépenses qui résulteraient des modifications qui pourraient être apportées aux imprimés visés dans la présente nomenclature.

INDEMNITÉ

allouée aux officiers : 1° employés aux travaux topographiques ou géodésiques; 2° envoyés en reconnaissance; 3° en manœuvres de brigade avec cadres; 4° en voyage d'état-major; 5° chargés de reviser les états de logement et de cantonnement.

	ALLOCATION		OBSERVATIONS.
	PERSONNELLE	POUR LA NOURRITURE de chacun des chevaux que les officiers sont autorisés à emmener avec eux, y compris ceux de leurs ordonnances.	
	par jour.	par jour.	
	fr.	fr.	
Officiers de tous grades......................	10 »	2 »	L'indemnité de nourriture attribuée pour chacun des chevaux est exclusive des distributions de fourrages en nature.

INDEMNITE AUX OFFICIERS EMPLOYÉS COMME VAGUEMESTRES AUX ARMÉES.

DÉSIGNATION DES EMPLOIS.	FIXATION de L'INDEMNITÉ par journée effective dans l'emploi.	OBSERVATIONS.
	fr. c.	
Vaguemestre du quartier général d'une armée..........	2 »	
Vaguemestre du quartier général d'un corps d'armée ...	1 70	
Vaguemestre d'une division............................	1 35	
Aide-vaguemestre....................................	» 75	

INDEMNITÉ AUX [illegible] VAGUEMESTRES [illegible]

DÉSIGNATION DES EMPLOIS	par journée effective dans l'emploi.	
	fr. c.	
Vaguemestre du quartier général d'une armée	2 »	
Vaguemestre du quartier général d'un corps d'armée	1 75	
Vaguemestre d'une division	1 50	
Aide-vaguemestre	» 75	

Décision présidentielle du 2 février 1893.

Tarif n° 21.

PERSONNEL

chargé de la surveillance des dépôts de prisonniers de guerre ou de la conduite de convois de prisonniers de guerre.

Les militaires de tout grade chargés soit du commandement et de la surveillance des prisonniers de guerre, soit de la conduite de convois de ces prisonniers, sont considérés comme étant en activité de service et reçoivent, à ce titre, en station comme en marche, les allocations de toute nature attribuées par les tarifs en vigueur aux militaires de leur grade, de leur arme ou de leur service.

En outre, les commandants de dépôt et les comptables sont pourvus d'une indemnité, pour frais de bureau, qui est déterminée par le tarif ci-après :

	TAUX DE L'INDEMNITÉ				OBSERVATIONS.
	PAR MOIS.		PAR JOUR.		
	Commandant du dépôt.	Comptable.	Commandant du dépôt.	Comptable.	
1	2	3	4	5	6
	fr. c.	fr. c.	fr. c.	fr. c.	Lorsque le bureau du comptable ne peut être installé dans les bâtiments militaires, on alloue au comptable pour le loyer d'un local une indemnité fixée à 12 francs par mois. En France, du 1er octobre au 31 mars, l'allocation pour frais de bureau faite au comptable sera augmentée de 30 francs par mois (soit de 1 franc par jour) pour le chauffage de ses bureaux. Dans les unités constituées en dehors des dépôts (art. 90), les commandants de ces unités et les comptables reçoivent les allocations déterminées par le présent tarif, suivant la force des compagnies ou des bataillons.
Dépôt au-dessous de 400 hommes.	15 00	21 00	0 50	0 70	
Dépôt de 400 à 1,000 hommes..	21 00	34 50	0 70	1 15	
Dépôt de 1,001 à 2,000 hommes..	25 50	45 00	0 85	1 50	
Dépôt au-dessus de 2,000 hommes	30 00	51 00	1 00	1 70	

Nota. — Les frais de bureau à allouer au médecin chargé du service dans un dépôt de prisonniers de guerre sont ceux attribués au médecin-major chef de service dans un régiment d'infanterie.

1° Sous-officiers promus officiers ou nommés à des emplois dans les divers services.

DÉSIGNATION DES ARMES ET DES SERVICES.	FIXATION de L'INDEMNITÉ. fr. c.
CORPS DE TROUPE.	
Infanterie de ligne, chasseurs à pied, infanterie légère d'Afrique, zouaves, régiment étranger, tirailleurs algériens	450 »
Cuirassiers	1.150 »
Dragons	975 »
Chasseurs, hussards, chasseurs d'Afrique, cadre constitutif de l'École de cavalerie (1), spahis (sous-officiers français et indigènes), artillerie	950 »
Cavaliers de remonte	900 »
Ouvriers d'artillerie et artificiers (2)	700 »
Train des équipages militaires	900 »
Génie	450 »
Sapeurs-conducteurs du génie	900 »
DIVERS SERVICES.	
Service d'état-major. — Sous-officier nommé archiviste de 3e classe	450 »
État-major particulier de l'artillerie. — Garde d'artillerie — venant des adjudants (A)	150 »
État-major particulier de l'artillerie. — Garde d'artillerie — venant des autres sous-officiers; venant des ouvriers d'état; venant des gardiens de batterie	450 »
État-major particulier de l'artillerie. — Contrôleur d'armes — venant des ouvriers immatriculés; venant des chefs armuriers	400 »
État-major particulier de l'artillerie. — Ouvrier d'état; Gardien de batterie	170 »
État-major particulier du génie. — Adjoint du génie — venant des adjudants (A)	150 »
État-major particulier du génie. — Adjoint du génie — venant des autres sous-officiers; venant des ouvriers d'état	450 »
État-major particulier du génie. — Ouvrier d'état	170 »
État-major particulier du génie. — Portier-consigne	133 »
Service de santé. — Aide-major venant des stagiaires	400 »
Service de santé. — Élève stagiaire à l'École de médecine et de pharmacie militaires	350 »
Services administratifs. — Officier d'administration adjoint de 2e cl. (3)	190 »
Service vétérinaire. — Aide-vétérinaire venant des stagiaires	400 »
Service vétérinaire. — Aide-vétérinaire stagiaire	350 »
Interprète militaire. — Interprète auxiliaire de 2e classe	850 »
Service de la justice militaire. — Officier d'administration aide-comptable de 2e classe et greffier de 4e classe (4)	190 »
Service de la justice militaire. — Tribunaux militaires, ateliers de condamnés et pénitenciers militaires. — Adjudant	300 »
Service de la justice militaire. — Tribunaux militaires, ateliers de condamnés et pénitenciers militaires. — Sergent huissier-appariteur et sergent	125 »
Service de la justice militaire. — Prisons militaires. — Adjudant agent principal et adjudant greffier	300 »
Service de la justice militaire. — Prisons militaires. — Sergent fourrier et sergent surveillant	125 »

OBSERVATIONS.

Une indemnité de 150 francs est attribuée dans les conditions du règlement à tout officier passant, pour la première fois, d'une position non montée à une position montée.

Les officiers détachés de leur corps pour suivre les cours de l'École d'application de cavalerie reçoivent, à leur arrivée à l'École, une indemnité de 100 francs pour tenue de manège.

Toutefois, les officiers de gendarmerie envoyés à Saumur comme élèves, pendant six mois, et qui du reste ne sont pas obligés de se pourvoir d'une tenue de manège, n'ont pas droit à cette indemnité.

Les adjudants directement promus sous-lieutenants en campagne reçoivent la différence entre la première mise d'équipement d'adjudant et celle de sous-lieutenant, à moins que leur promotion n'entraîne un changement d'uniforme, cas auquel la première mise d'équipement leur est allouée.

La même règle est applicable, en tout temps, aux sous-chefs de musique nommés chefs de musique et aux adjudants de cavalerie nommés aux emplois de sous-lieutenant adjoint au trésorier et de sous-lieutenant porte-étendard, sans avoir suivi les cours de l'École de cavalerie.

Les autres militaires commissionnés chefs de musique ont droit à la première mise d'équipement fixée, selon l'arme, pour les sous-officiers promus officiers.

Il peut être alloué, sur la proposition des conseils d'administration et d'instruction des Écoles polytechnique et spéciale militaire, à chaque boursier ou demi-boursier nommé officier, la première mise d'équipement attribuée, dans l'arme où il doit entrer, aux sous-officiers promus officiers.

(1) Décis. présid. du 4 juillet 1896.

(2) Les sous-officiers promus sous-lieutenants dans les compagnies d'ouvriers d'artillerie ou d'artificiers et qui passent ensuite avec ce grade ou celui de lieutenant dans un régiment d'artillerie, reçoivent un supplément de première mise fixé à 250 francs. Ce supplément n'est pas dû aux capitaines ni aux officiers qui ne sortent pas des sous-officiers.

Le même supplément est alloué aux sous-lieutenants et lieutenants des compagnies d'ouvriers d'artillerie désignés pour commander les fractions de leur corps en Algérie ou en Tunisie et qui, par suite, passent à une position montée.

De même, les sous-lieutenants des compagnies de mineurs ou de sapeurs, qui passent dans les compagnies de sapeurs conducteurs, ont droit à un supplément de première mise de 450 francs.

(A) L'indemnité de première mise d'équipement à allouer aux gardes d'artillerie et aux adjoints du génie venant des adjudants montés ou équipés en hommes montés, qui avaient reçu un manteau de l'État, doit être augmentée de 150 francs, valeur du manteau d'officier.

Les interprètes auxiliaires de 2e classe auxquels l'indemnité de première mise d'équipement aura été payée, et qui, avant d'avoir accompli cinq années de service dans le corps, se trouveraient ou démissionnaires ou révoqués par mesure de discipline, devront être constitués débiteurs envers l'État du montant de l'indemnité et tenus d'en effectuer le remboursement au Trésor.

L'allocation doit être concédée, sous les mêmes conditions, aux jeunes gens qui, aux termes du premier paragraphe de l'article 5 du décret du 4 juin 1864, sont admis exceptionnellement dans ce corps en qualité d'interprètes titulaires de 2e classe, sans avoir passé par le cadre auxiliaire.

Les sergents promus au grade d'adjudant dans le service de la justice militaire, reçoivent un supplément de première mise de 300 francs.

En cas de mutation dans le service de la justice militaire, les sous-officiers ne reçoivent pas de nouvelle première mise.

Les fixations attribuées aux officiers ou employés militaires leur sont applicables lors même que, comme adjudants, ils auraient reçu une indemnité inférieure à celle déterminée pour ce dernier grade par le présent tarif.

(3) Décis. présid. du 24 janvier 1896.

(4) Décis. présid. du 4 mars 1897.

DÉSIGNATION DES ARMES ET DES SERVICES.	FIXATION de L'INDEMNITÉ. fr. c.	OBSERVATIONS.
2° Sous-officiers promus adjudants et militaires nommés sous-chefs de musique, chefs armuriers ou maîtres selliers.		
Infanterie et corps assimilés, zouaves, tirailleurs, etc.......	300 »	L'indemnité de première mise d'équipement n'est pas allouée de nouveau aux adjudants, aux sous-chefs de musique, aux chefs armuriers et maîtres-selliers qui passent d'un corps dans un autre.
Cuirassiers .... Dragons, cavaliers de remonte, train des équipages militaires.	250 »	
Chasseurs, hussards, chasseurs d'Afrique, spahis..........	275 »	
Artillerie	250 »	
Génie....	300 »	
Sapeurs conducteurs du génie..........	250 »	
Adjudant élève d'administration (1)..........	350 »	
Chef armurier et maître sellier..........	170 »	

(1) *Décision présidentielle relative à la fixation du taux de l'indemnité de première mise d'équipement à attribuer aux médecins auxiliaires rappelés à l'activité pour accomplir deux années complémentaires de service actif.* (3ᵉ Direction; Solde et Indemnité de route.)

Paris, le 31 juillet 1897.

RAPPORT AU PRÉSIDENT DE LA RÉPUBLIQUE FRANÇAISE.

Monsieur le Président,

Aux termes du décret du 6 avril 1888, les médecins auxiliaires ont, dans la hiérarchie militaire, la même position que les adjudants élèves d'administration des hôpitaux militaires; ils reçoivent aussi la même solde.

Comme conséquence, les étudiants en médecine, dispensés de l'article 23 de la loi du 15 juillet 1889 qui, par suite de la perte de leurs droits à la dispense ou de leur renonciation au bénéfice de cette disposition de la loi, sont rappelés à l'activité pour accomplir deux années complémentaires de service actif en qualité de médecins auxiliaires, et qui doivent être considérés comme faisant partie des cadres de l'armée active pendant ces deux années, se trouvent, de même que les adjudants élèves d'administration, dans l'obligation de pourvoir à la dépense d'achat de leur uniforme.

Par suite, il ne serait pas équitable de ne pas attribuer à ces médecins auxiliaires l'indemnité de première mise d'équipement allouée par le tarif n° 22 annexé au décret du 27 décembre 1890, pour les sous-officiers promus adjudants élèves d'administration, soit 350 francs, et je ne puis que vous proposer de vouloir bien prendre une décision dans ce sens.

Si vous approuvez cette proposition, j'ai l'honneur de vous prier de vouloir bien revêtir de votre signature le présent rapport.

Veuillez agréer, Monsieur le Président, l'hommage de mon respectueux dévouement.

APPROUVÉ :
Le Président de la République,
FÉLIX FAURE.

Le Ministre de la guerre,
BILLOT.

TARIF N° 23

Indemnité d'entrée en campagne.

TARIF N° 23.

INDEMNITÉ D'ENTRÉE EN CAMPAGNE.

	DÉSIGNATION DES GRADES.	FIXATION de L'INDEMNITÉ pour chaque grade. fr. c.	OBSERVATIONS.
Etat-major général	Maréchal de France	12.000 »	Pour les officiers des troupes d'Afrique qui viendraient sur le continent à la mobilisation, les indemnités d'entrée en campagne à attribuer sont déterminées par des instructions spéciales.
	Général de division commandant en chef	8.000 »	
	Général de division commandant un corps d'armée	7.000 »	
	Général de division	6.000 »	
	Général de brigade	4.000 »	
Intendance militaire	Intendant général et intendant d'armée	6.000 »	
	Intendant militaire	4.000 »	
	Sous-intendant militaire de 1re classe, de 2e classe	1.800 »	
	Sous-intendant militaire de 3e classe	1.000 »	
	Adjoint à l'intendance militaire	900 »	
Troupes à pied	Colonel	1.200 »	
	Lieutenant-colonel	1.000 »	
	Chef de bataillon ou major	900 »	
	Capitaine monté	700 »	
	Capitaine non monté	600 »	
	Lieutenant et sous-lieutenant monté	500 »	
	Lieutenant, sous-lieutenant non monté et chef de musique	400 »	Les officiers supérieurs du service d'état-major, des états-majors particuliers de l'artillerie et du génie, des corps d'artillerie, du génie et du train des équipages militaires ont droit à l'indemnité d'entrée en campagne sur le même pied que les officiers supérieurs de troupes à cheval. (Erratum du 18 février 1895.)
Troupes à cheval	Colonel	1.800 »	
	Lieutenant-colonel	1.200 »	
	Chef d'escadron ou major	1.000 »	
	Capitaine	700 »	
	Lieutenant et sous-lieutenant	500 »	

Employés militaires de l'artillerie et du génie	Garde d'artillerie, adjoint du génie principal de 1re classe. Contrôleur d'armes principal de 1re classe	1.000 »	
	Garde d'artillerie, adjoint principal du génie de 2e cl. Contrôleur d'armes principal de 2e classe	900 »	
	Garde d'artillerie, adjoint du génie de 1re classe. Contrôleur d'armes de 1re classe	900 »	
	Garde d'artillerie, adjoint du génie de 2e et 3e cl. Contrôleur d'armes de 2e et 3e classe	500 »	
	Ouvrier d'état et gardien de batterie	300 »	
Archivistes des bureaux d'état-major	Archiviste principal de 1re classe	1.000 »	
	Archiviste principal de 2e classe et archiviste de 1re classe	900 »	
	Archiviste de 2e et de 3e classe	500 »	
Aumônerie	Aumônier titulaire	700 »	
Service de santé	Médecin inspecteur général	6.000 »	
	Médecin ou pharmacien inspecteur	4.000 »	
	Médecin ou pharmacien principal de 1re classe	1.500 »	
	Médecin ou pharmacien principal de 2e classe	1.200 »	
	Médecin ou pharmacien-major de 1re classe	1.000 »	
	Médecin ou pharmacien-major de 2e classe	700 »	
	Médecin ou pharmacien aide-major	500 »	
Services administratifs, y compris les officiers d'administration de la justice militaire et les greffiers	Officier d'administration principal et greffier principal	1.000 »	
	Officier d'administration et greffier de 1re et de 2e classe	900 »	
	Officier d'administration adjoint et aide comptable. Greffier de 3e et 4e classe	500 »	
Vétérinaires militaires	Vétérinaire principal	1.000 »	
	Vétérinaire en 1er	700 »	
	Vétérinaire en 2e et aide-vétérinaire	500 »	
Interprètes militaires	Interprète principal	900 »	
	Interprète de 1re classe	700 »	
	Interprète de 2e et 3e classe et interprète auxiliaire	500 »	
Sous-officiers	Adjudant sous-officier, sous-chef de musique. Chef armurier. Maître sellier. Adjudant sous-officier de la justice militaire	100 »	

INDEMNITÉ POUR PERTE D'EFFETS.

GRADES.		MONTANT de L'INDEMNITÉ. fr. c.	OBSERVATIONS.
1° Aux militaires faits prisonniers de guerre.			
État-major général et service d'état-major.	Maréchal de France	6.000 »	
	Général de division	3.000 »	
	Général de brigade	2.000 »	
	Colonel	900 »	
	Lieutenant-colonel	800 »	
	Chef d'escadron	700 »	
	Capitaine	500 »	
	Lieutenant et sous-lieutenant	400 »	
	Archiviste principal de 1re classe	700 »	
	Archiviste principal de 2e classe et archiviste de 1re classe	600 »	
	Archiviste de 2e classe	400 »	
	Archiviste de 3e classe	300 »	
Intendance militaire	Intendant général	3.000 »	
	Intendant militaire	2.000 »	
	Sous-intendant militaire de 1re ou 2e classe	900 »	
	Sous-intendant militaire de 3e classe	700 »	
	Adjoint à l'intendance militaire	600 »	

GRADES.		MONTANT de L'INDEMNITÉ. fr. c.	OBSERVATIONS.
Officiers attachés ou faisant partie intégrante des états-majors particuliers de l'artillerie et du génie et employés militaires de ces états-majors	Colonel	800 »	
	Lieutenant-colonel	700 »	
	Chef de bataillon ou d'escadron	600 »	
	Capitaine	400 »	
	Lieutenant et sous-lieutenant	300 »	
	Garde d'artillerie, adjoint du génie ou contrôleur d'armes: principal de 1re classe	700 »	
	Garde d'artillerie, adjoint du génie ou contrôleur d'armes: principal de 2e classe et de 1re classe	600 »	
	Garde d'artillerie, adjoint du génie ou contrôleur d'armes: de 2e classe	400 »	
	Garde d'artillerie, adjoint du génie ou contrôleur d'armes: de 3e classe	300 »	
	Ouvrier d'état et gardien de batterie	200 »	
Infanterie y compris les zouaves et les tirailleurs algériens	Colonel	800 »	
	Lieutenant-colonel	700 »	
	Chef de bataillon	600 »	
	Capitaine	400 »	
	Lieutenant et sous-lieutenant	300 »	
Régiments du génie, compagnies d'ouvriers d'artillerie	Colonel	800 »	
	Lieutenant-colonel	700 »	
	Chef de bataillon ou d'escadron	600 »	
	Capitaine	400 »	
	Lieutenant et sous-lieutenant	300 »	
Régiments de cuirassiers, régiments d'artillerie, bataillons d'artillerie à pied	Colonel	900 »	Ces fixations sont applicables aux officiers des régiments d'artillerie détachés à l'état-major de leur arme.
	Lieutenant-colonel	800 »	
	Chef d'escadron	700 »	
	Capitaine	500 »	
	Lieutenant et sous-lieutenant	400 »	
Cavalerie (y compris les spahis et le train des équipages militaires)	Colonel	900 »	
	Lieutenant-colonel	800 »	
	Chef d'escadron	700 »	
	Capitaine	500 »	
	Lieutenant et sous-lieutenant	400 »	

GRADES.			MONTANT de l'indemnité.	OBSERVATIONS.
			fr. c.	
Compagnies de sapeurs-conducteurs du génie.	Capitaine		500 »	
	Lieutenant et sous-lieutenant		400 »	
Spahis	Sous-officier, brigadier et spahi		»	A déterminer par le Ministre.
Aumônier			500 »	
Médecins et pharmaciens militaires	Médecin inspecteur général		3.000 »	
	Médecin ou pharmacien inspecteur		2.000 »	
	Médecin ou pharmacien principal	de 1re classe	800 »	
		de 2e classe	700 »	
	Médecin ou pharmacien-major	de 1re classe	600 »	
		de 2e classe	400 »	
	Médecin ou pharmacien aide-major		300 »	
Services administratifs y compris les officiers d'administration de la justice militaire et les greffiers	Officier d'administration	principal et greffier principal	700 »	
		de 1re et de 2e classe, comptable et greffier de 1re et de 2e classe	500 »	
		adjoint de 1re classe, aide-comptable de 1re classe et greffier de 3e classe	400 »	
		adjoint de 2e classe, aide-comptable de 2e classe et greffier de 4e classe	300 »	
Vétérinaires militaires	Vétérinaire	principal	700 »	
		en premier	500 »	
		en second et aide	400 »	

GRADES.			MONTANT de l'indemnité.	OBSERVATIONS.
Interprètes militaires	Interprète	principal	700 »	
		de 1re et de 2e classe	500 »	
		de 3e classe et auxiliaire de 1re et de 2e classe	400 »	
Troupes de toutes armes	Adjudant sous-officier et assimilé Chef armurier de 1re et de 2e classe Maître-sellier		150 »	

2° Aux militaires non prisonniers de guerre.

GRADES.			MONTANT de l'indemnité.	OBSERVATIONS.
Maréchal de France			4.500 »	Ces allocations sont des maxima et le Ministre détermine, suivant les circonstances, le taux de l'indemnité à attribuer.
Général de division et assimilé			2.250 »	
Général de brigade et assimilé			1.500 »	
Officiers montés	Colonel	et assimilés ou catégories de grade correspondant	680 »	
	Lieutenant-colonel		600 »	
	Chef de bataillon et d'escadron		515 »	
	Capitaine		350 »	
	Lieutenant et sous-lieutenant		325 »	
Officiers non montés	Chef de bataillon	et assimilés ou catégories de grade correspondant	400 »	
	Capitaine		300 »	
	Lieutenant et sous-lieutenant		275 »	
Spahis	Sous-officier, brigadier et spahi		»	A déterminer par le Ministre.

TARIF N° 25.

INDEMNITÉ POUR PERTE DE CHEVAUX.

I. — Officiers ou fonctionnaires montés à leurs frais ou montés par abonnement et qui sont devenus propriétaires de leurs chevaux.

Les conditions dans lesquelles les indemnités pour pertes de chevaux sont attribuées aux officiers et employés militaires, soit en temps de guerre, soit à l'intérieur, en Algérie et en Tunisie, sont déterminées par le décret du 29 mai 1890 (tableau 2, indemnité 16).

II. — Spahis algériens.

	TAUX DE L'INDEMNITÉ à allouer pour le temps de guerre.	OBSERVATIONS.
	fr. c.	
Sous-officier, brigadier ou spahi	500 »	L'indemnité est attribuée par chaque cheval tué ou perdu par suite de captivité. — Elle est versée à la masse de remonte. La justification de la perte a lieu dans les conditions réglementaires indiquées pour les officiers dans le même cas.

III. — Goumiers, Cavaliers guides.

Les indemnités pour perte de cheval à attribuer, suivant les circonstances, aux goumiers ou cavaliers guides en Algérie ou en Tunisie, sont déterminées par des décisions spéciales.

Tarif n° 26.

INDEMNITÉ DE LOGEMENT

aux sous-officiers employés militaires logés à leurs frais et aux militaires des diverses armes autorisés à loger en ville.

CATÉGORIES.		PAR MOIS.	OBSERVATIONS.
		fr. c.	
Ouvrier d'état Gardien de batterie Portier-consigne Sous-officier de la justice militaire Sous-officier stagiaire du génie	logés à leurs frais.	15 »	
Sous-officier rengagé ou commissionné des différentes armes	marié ou veuf avec enfant et autorisé à loger en ville.		
Adjudant élève d'administration Maître ouvrier	autorisé à loger en ville faute de place dans les bâtiments militaires.		

MASSE INDIVIDUELLE. — MASSE GÉNÉRALE D'ENTRETIEN. — DIVERSES AUTRES MASSES.

1° Masse individuelle (Spahis).

DÉSIGNATION DES CORPS.			FIXATION de la première mise.	PRIME jour-nalière.	COMPLET de la masse.	OBSERVATIONS.
			fr. c.	fr. c.	fr. c.	
Spahis algériens.	Cavaliers qui doivent être montés	français	200 »	» 69	200 »	Les hommes qui passent d'une position non montée à une position montée reçoivent un supplément de première mise de 60 fr.
		indigènes	200 »	» 75	200 »	
	Cavaliers qui ne doivent pas être montés	français	140 »	» 24	140 »	
		indigènes	140 »	» 30	140 »	

2° **Masse générale d'entretien** (Spahis).

DÉSIGNATION DES CORPS.	ABONNEMENT ANNUEL. Première portion.	ABONNEMENT ANNUEL. Deuxième portion.	OBSERVATIONS.
		fr. c.	
Régiment de spahis algériens....................................	»	2.900	

3° **Autres masses.**

Les autres masses (masse d'habillement et d'entretien, des écoles, de chauffage et les diverses masses en essai dans les corps) restent réglementées et tarifées conformément aux décisions, instructions ou règlements applicables à chacune d'elles.

Règlement de droits afférents...	[illegible]	2.900	[illegible]

3° Autres masses.

Les autres masses [illegible] d'établissement et d'entretien des écoles, de chauffage [illegible] les diverses masses en usage dans les corps [illegible] et fonctionnent aux décisions, instructions ou règlements applicables à chacune d'elles.

MASSE D'ENTRETIEN DU HARNACHEMENT ET FERRAGE.

Tableau I.

DÉSIGNATION DES ARMES.	FIXATION PAR CHEVAL. Par an.	Par jour.	OBSERVATIONS.
	fr. c.	fr. c.	
Ecoles militaires	18 25	» 05 »	
Dépôts de remonte	18 »	» 04.931	

RETENUE DU LOGEMENT.

Retenue journalière à opérer sur le traitement des officiers, fonctionnaires et employés militaires et civils lorsque le logement avec ou sans ameublement leur est fourni en nature ou lorsqu'ils sont baraqués.

Désignation des grades et emplois.	Logement — Avec ameublement — dans les places où l'indemnité pour résidence dans Paris est allouée.	Logement — Avec ameublement — dans les autres places.	Logement — Sans ameublement — dans les places où l'indemnité pour résidence dans Paris est allouée.	Logement — Sans ameublement — dans les autres places.	Baraquements — dans les places où l'indemnité pour résidence dans Paris est allouée.	Baraquements — dans les autres places.	Observations.
	fr. c.	fr. c.	fr. c.	fr. c.	fr. c.	fr. c.	
Personnel militaire.							
Général de division Intendant général Médecin inspecteur général	7 50	5 »	5 »	3 30	2 50	1 65	
Général de brigade Intendant militaire Médecin et pharmacien inspecteur	5 »	3 30	3 35	2 20	1 70	1 10	Nota. Il n'est exercé aucune retenue pour le logement occupé par les officiers de spahis des escadrons en smalas dans les bâtiments des smalas.
Colonel Sous-intendant militaire de 1re classe Médecin et pharmacien principal de 1re classe	4 »	2 65	2 65	1 75	1 35	» 90	
Lieutenant-colonel Sous-intendant militaire de 2e classe Médecin et pharmacien principal de 2e classe Vétérinaire principal de 1re classe	3 50	2 30	2 30	1 55	1 15	» 80	Les retenues ci-contre sont pratiquées sur la solde des officiers lorsqu'ils reçoivent un logement en nature ou aux frais de l'État, des départements ou des communes et même lorsqu'il leur est attribué, sur les fonds des départements ou des communes, une indemnité en argent pour se loger.
Chef de bataillon et d'escadron Sous-intendant militaire de 3e classe Médecin et pharmacien-major de 1re classe Officier d'administration principal, greffier principal Vétérinaire principal de 2e classe Interprète principal Garde d'artillerie principal de 1re classe Adjoint du génie principal de 1re classe Contrôleur d'armes principal de 1re classe Archiviste principal de 1re classe	3 »	2 »	2 »	1 30	1 »	» 65	
Capitaine Adjoint à l'intendance militaire Médecin et pharmacien-major de 2e classe Officier d'administration, comptable et greffier de 1re et de 2e classe Vétérinaire en premier Interprète de 1re ou de 2e classe Garde d'artillerie principal de 2e classe, garde de 1re classe Contrôleur d'armes principal de 2e classe, contrôleur d'armes de 1re classe Adjoint principal du génie de 2e classe, adjoint de 1re classe Archiviste principal de 2e classe, archiviste de 1re classe	1 50	1 »	» 75	» 50	» 40	» 25	
Lieutenant et sous-lieutenant Médecin et pharmacien aide-major Médecin et pharmacien stagiaire Médecin et pharmacien élève stagiaire Officier d'administration adjoint, greffier de 3e et de 4e classe et aides-comptables Vétérinaire en 2d, aide-vétérinaire, vétérinaire stagiaire Interprète de 3e classe et interprète auxiliaire Garde d'artillerie de 2e et de 3e classe Contrôleur d'armes de 2e ou de 3e classe Adjoint du génie de 2e ou de 3e classe Archiviste de 2e ou de 3e classe	1 »	» 65	» 50	» 30	» 25	» 15	
Sous-lieutenant élève Médecin et pharmacien stagiaire Aide-vétérinaire stagiaire	» 65	» 50	» 50	» 30	» 25	» 15	Décis. présid. du 24 avril 1897.

DÉSIGNATION DES GRADES ET EMPLOIS.	LOGEMENT — AVEC AMEUBLEMENT — dans les places où l'indemnité pour résidence dans Paris est allouée.	LOGEMENT — AVEC AMEUBLEMENT — dans les autres places.	LOGEMENT — SANS AMEUBLEMENT — dans les places où l'indemnité pour résidence dans Paris est allouée.	LOGEMENT — SANS AMEUBLEMENT — dans les autres places.	BARAQUEMENTS — dans les places où l'indemnité pour résidence dans Paris est allouée.	BARAQUEMENTS — dans les autres places.	OBSERVATIONS.
	fr. c.	fr. c.	fr. c.	fr. c.	fr. c.	fr. c.	
Ouvrier d'état Gardien de batterie	» 75	» 50	» 35	» 25	» 20	» 15	Les ouvriers d'état, gardiens de batterie, sous-officiers stagiaires du génie, portiers-consignes, sous-officiers de la justice militaire ne subissent que la retenue pour le logement sans ameublement quand ils reçoivent seulement une fourniture des lits militaires; mais dans le cas où un ameublement d'adjudant est mis à leur disposition, ils subissent la retenue pour le logement avec ameublement.
Sous-officier stagiaire du génie	» 60	» 40	» 30	» 20	» 15	» 10	
Portier-consigne	» 45	» 30	» 20	» 15	» 10	» 10	
Employé sous-officier de la justice militaire	» 30	» 25	» 15	» 10	» 10	» 05	
Trésorier et major	» 60	» 60	» 30	» 30	» 15	» 15	Emplacement des bureaux.
Officier d'habillement et officier-payeur	» 30	» 30	» 15	» 15	» 10	» 10	
PERSONNEL CIVIL.							
Personnel de l'enseignement / Personnel d'administration — quel que soit l'emploi	1 50	1 »	» 75	» 50	»	»	
Agents secondaires	» 75	» 50	» 35	» 25	»	»	

TARIF N° 30

Nombre des rations de fourrages à allouer aux officiers de tous grades.

Tarif déterminant le nombre de rations de fourrages à allouer aux officiers de tous grades.

Paris, le 16 mai 1894.

DÉSIGNATION DES GRADES ET EMPLOIS.		PIED de paix.	ALGÉRIE et Tunisie.	PIED de guerre.
ÉTATS-MAJORS.				
État-major général.	Maréchal de France	8	10	10
	Général de division commandant un groupe d'armées	»	»	10
	Général de division	6	6	6
	Général de brigade	4	4	4
Service d'état-major	Colonel et lieutenant-colonel	3	3	3
	Chef d'escadron	2	3	3
	Capitaine (c *bis*)	2	2 (2)	3
	Lieutenant (c *bis*)	2	2	2
Officiers d'ordonnance.	Capitaines des corps de troupe ou armes à cheval	2	2	2
	Capitaines des corps de troupe ou armes à pied	1	1	2
	Lieutenant et sous-lieutenant de toutes armes	1	1	2
Intendance militaire.	Intendant général	4	6	6
	Intendant militaire	3	4	4
	Sous-intendant militaire de 1re et 2e classe	2	2 (2)	3
	Sous-intendant militaire de 3e classe	1	2	2
	Adjoint à l'intendance	1	1 (2)	2

OBSERVATIONS.

Les fixations du pied de guerre du présent tarif ont été déterminées en prenant pour bases les indications des tableaux d'effectifs de guerre. Il doit, en effet, être admis en principe que, en temps de guerre, le droit aux rations de fourrages existe pour tous les chevaux dont les officiers sont effectivement pourvus dans la limite du nombre prévu par lesdits tableaux d'après le grade, l'arme ou le service.

Comme conséquence, pour toutes les positions particulières qui n'ont pas pu être prévues dans le présent tarif ou qui viendraient à se produire ultérieurement, le droit aux rations de fourrages sera déterminé par les tableaux d'effectifs de guerre.

Les rations de fourrages ne sont dues que pour le nombre de chevaux dont les officiers de tous grades sont effectivement possesseurs dans la limite de leurs droits respectifs.

Le Ministre de la guerre a droit à 10 chevaux.

Le gouverneur militaire de Paris a droit à 12 chevaux.

Le gouverneur militaire de Lyon a droit à 10 chevaux.

Les officiers attachés à la personne de M. le Président de la République peuvent avoir un cheval en sus du nombre fixé par le présent tarif pour les officiers de leur grade.

Les officiers généraux du cadre de réserve et en retraite, les colonels en retraite, pourvus dès le temps de paix d'une lettre de service les affectant à un commandement actif en campagne, ont droit en temps de paix à une ration de fourrages.

Les capitaines, lieutenants et sous-lieutenants de toutes armes détachés à l'état-major particulier du Ministre ont droit à deux rations de fourrages sur le pied de paix.

Les officiers en retraite employés dans les Écoles militaires et les autres établissements militaires, à l'exception des commandants des Écoles militaires préparatoires de la cavalerie, de l'artillerie et du génie, n'ont pas droit aux rations de fourrages; il en est de même pour les officiers comptables des Écoles militaires et des établissements de remonte.

DÉSIGNATION DES GRADES ET EMPLOIS.		PIED de paix.	ALGÉRIE et Tunisie.	PIED de guerre.
État-major particulier de l'artillerie.	Colonel	3	3	3
	Lieutenant-colonel	2	3	3
	Chef d'escadron	2	2	2
	Capitaine (1)	1	1 (2)	2
	Garde principal ou garde	»	1 (A)	1
État-major particulier du génie.	Colonel	3	3	3 (B)
	Lieutenant-colonel	2	2	3 (B)
	Chef de bataillon	2	2	2 (B)
	Capitaine	1	1 (2)	2 (C)
	Lieutenant	1	1	1 (C)
	Adjoint principal ou adjoint	»	1 (A)	1
CORPS DE TROUPE.				
Colonel ou lieutenant-colonel	d'infanterie	2	2	2
	de cavalerie	3	3	3
	d'artillerie — Colonel	3	3	3
	d'artillerie — Lieutenant-colonel	2	3	3
	du génie	2	2	2
	du train des équipages	2	2	2
Chef de bataillon ou d'escadron	d'infanterie breveté	2	2	2
	d'infanterie	1	2	2
	de cavalerie	2	2	2
	d'artillerie	2	2	2
	du génie breveté	2	2	2
	du génie	1	2	2
	du train des équipages	2	2	2
Major	de toutes armes breveté	2	2	2
	de cavalerie	2	2	2
	d'artillerie	2	2	2
	des autres armes	1	1	1

(1) Ont droit à deux chevaux, sur le pied de paix, les capitaines d'artillerie détachés des corps de troupe ou appartenant à l'état-major particulier et remplissant les fonctions d'aide de camp du Ministre de la guerre; — employés à l'École d'application et dans les commissions d'expériences — instructeurs à l'École des sous-officiers de l'artillerie et du génie et adjoints aux directeurs de Vincennes et de Versailles.

(2) Décision présidentielle du 9 octobre 1895.

(A) Les gardes d'artillerie et les adjoints du génie en Algérie n'ont pas droit à une ration de fourrages en temps de paix. Ils ont droit à une ration en temps de guerre, sauf les exceptions prévues aux tableaux d'effectifs de guerre.

(B) Les officiers supérieurs de l'état-major particulier du génie employés dans les places fortes où l'on exécute des travaux de défense peuvent avoir, pendant la durée des travaux, un cheval en sus du nombre indiqué ci-contre.

(C) Les capitaines et lieutenants du génie également attachés aux places fortes où l'on exécute des travaux de défense peuvent avoir, en temps de paix, une deuxième monture.

(c *bis*) Les capitaines des armes à pied et les lieutenants de toutes armes stagiaires d'état-major ont droit à une ration de fourrages en temps de paix, mais en Algérie et en Tunisie ces officiers pourront recevoir une 2e ration; quant aux capitaines de cavalerie et d'artillerie stagiaires, ils conservent leurs deux rations comme dans leur arme, soit à l'intérieur, soit en Algérie et en Tunisie. (Décis. présid. du 1er juillet 1895.)

DÉSIGNATION DES GRADES ET EMPLOIS.			PIED de paix.	ALGÉRIE et Tunisie.	PIED de guerre.
Capitaine		d'infanterie	1	1	1
		du génie	1	1	1
		de cavalerie	2	2	2
		des régiments d'artillerie	2	2	2
		des bataillons d'artillerie à pied	1	»	1
		d'une compagnie d'ouvriers d'artillerie	»	1	1
		d'une compagnie de sapeurs-conducteurs	1	2	2
		d'une compagnie du train des équipages	1	2	2
		major d'un bataillon d'artillerie à pied	1	»	1
		major du train des équipages	1	1	1
	d'infanterie.	Adjoint au chef de corps	»	»	1
		Adjoint au chef de bataillon	»	»	1
		Officier payeur ou officier des détails	»	1 (D)	1
		Officier d'approvisionnement	»	1 (D)	1
		Commandant une compagnie en cas de mobilisation	»	»	1
		Agé de 50 ans	»	»	1
		Faisant fonctions d'adjudant-major dans les régiments de zouaves	»	»	1

OBSERVATIONS.

Décision présidentielle du 14 mars 1898, B. O., p. 226 :

Les capitaines d'infanterie commandants de compagnie et adjudants-majors sont montés.

En outre, ont droit à une monture, les capitaines d'infanterie appartenant à l'une des catégories suivantes :

1° Détachés au ministère de la guerre ;

2° Brevetés, sauf ceux qui remplissent des fonctions dont les titulaires ne sont jamais montés (capitaines-majors et officiers comptables, capitaines détachés dans le service du recrutement);

3° Appartenant au cadre permanent des écoles de tir ;

4° Instructeurs commandants de compagnie à l'École militaire d'infanterie.

Lorsque la loi du 4 mars 1897 aura reçu son application complète, tout capitaine placé au cadre complémentaire par mutation ou par promotion n'aura droit à une monture que s'il appartient à l'une des quatre catégories indiquées ci-dessus.

Par mesure transitoire, les capitaines d'infanterie, actuellement montés, contrairement aux dispositions qui précèdent et à celles qui suivent conserveraient leurs chevaux, jusqu'au moment où elles leur deviendraient applicables.

Dans les corps qui n'ont constitué aucune unité de leur quatrième bataillon, les quatre capitaines les plus anciens du cadre complémentaire seront montés.

Dans les corps où le quatrième bataillon est en partie constitué, le nombre maximum des capitaines du quatrième bataillon et du cadre complémentaire montés sera de quatre, si l'emploi d'adjudant-major n'est pas créé, et de cinq dans le cas contraire.

Les officiers appartenant aux quatre catégories indiquées ci-dessus auront droit à la remonte, en dehors des capitaines du quatrième bataillon et du cadre complémentaires.

L'application de la présente décision reste subordonnée aux ressources de la remonte et au montant des crédits alloués.

Sont modifiées en conséquence les règles d'allocation inscrites dans la colonne d'observations de l'annexe n° 1 au décret du 14 août 1896 sur la remonte des officiers, et subsidiairement les observations mentionnées au tarif des rations de fourrages du 16 mai 1894, ainsi que la décision présidentielle du 24 janvier 1896 dont le texte se trouvera remplacé par celui de la présente décision présidentielle.

DÉSIGNATION DES GRADES ET EMPLOIS.			PIED de paix.	ALGÉRIE et Tunisie.	PIED de guerre.
Lieutenant et s.-lieutenant		de cavalerie	1	1	2
		d'artillerie	1	1	1
		d'une compagnie d'ouvriers d'artillerie	»	1	1
		d'une compagnie de sapeurs-conducteurs du génie	1	1	1
		d'une compagnie de sapeurs-mineurs du génie	»	1	1
		d'une compagnie d'ouvriers du chemin de fer	»	1	1
		du train des équipages militaires	1	1	1
	adjoint aux officiers comptables	dans la cavalerie	»	»	1
		dans l'artillerie	»	»	1
SERVICE DE SANTÉ.					
Médecin inspecteur général			2	4	4
Médecin et pharmacien inspecteur			2	3	3
Médecin et pharmacien principal			1	2	2
Médecin-major de 1re classe		du service hospitalier	1	1	1
	des régiments	d'infanterie	1	2	2
		d'artillerie	2	2	2
		du génie	1	2	2
		de formation de campagne	»	»	2
Médecin-major de 2e classe	des régiments	d'infanterie	1	1 (1)	2
		de cavalerie	1	1 (1)	2
		d'artillerie	1	1 (1)	2
		du génie	1	1 (1)	2
		des escadrons du train des équipages militaires	1	1	2
		des écoles	1	»	»
		de formation de campagne	»	»	1
Médecin aide-major	des régiments	d'infanterie	1	1	1
		de cavalerie	1	1	1
		d'artillerie	1	1	1
		du génie	1	1	1

N'ont droit qu'à une seule ration sur le pied de paix :

1° Les capitaines des corps de troupe de cavalerie et d'artillerie détachés pour suivre les cours à l'École supérieure de guerre ;

2° Les capitaines d'artillerie détachés dans les établissements, sauf les exceptions indiquées.

N'ont pas droit aux rations de fourrages, quelle que soit la position :

1° Les capitaines trésoriers et d'habillement des corps de toutes armes ;

2° Les capitaines-majors des bataillons de chasseurs à pied et des bataillons d'infanterie légère d'Afrique.

(D) Les officiers payeurs et d'approvisionnement en Algérie n'ont pas droit à une ration de fourrages en temps de paix.

Les lieutenants et sous-lieutenants des batteries de montagne en Algérie et en Tunisie ont droit à deux montures.

Les lieutenants et sous-lieutenants du génie instructeurs à l'École des sous-officiers de l'artillerie et du génie ont droit à un cheval.

Les lieutenants et sous-lieutenants du génie détachés avec leur troupe pour les travaux de défense peuvent, par décision spéciale, recevoir un cheval en temps de paix.

Les lieutenants et sous-lieutenants, trésorier, officier d'habillement des bataillons d'artillerie à pied ou du train des équipages, n'ont pas droit aux rations de fourrages, quelle que soit la position.

(1) Décision présidentielle du 9 octobre 1895.

DÉSIGNATION DES GRADES ET EMPLOIS.	PIED de paix.	ALGÉRIE et Tunisie.	PIED de guerre.	OBSERVATIONS.
Médecin aide-major (*Suite.*) des escadrons du train des équipages	1	1	1	
Médecin aide-major (*Suite.*) des écoles	1	»	»	
Médecin aide-major (*Suite.*) des diverses formations de campagne	»	»	1	
Pharmacien-major attaché aux directions du service de santé	»	»	1	
SERVICES ADMINISTRATIFS.				
Officier d'administration principal du service des subsistances militaires	»	2	2	Sauf les exceptions prévues aux tableaux d'effectifs de guerre (1).
Officier d'administration des autres grades du service des subsistances militaires	»	1	1	
Officier d'administration attaché à la direction du service de santé d'un corps d'armée mobilisé	»	»	1	
Officier d'administration du service de santé faisant fonction d'officier d'approvisionnement dans les ambulances	»	»	1	
SERVICE VÉTÉRINAIRE.				
Vétérinaire principal de 1re ou de 2e classe	1	2	2	
Vétérinaire en 1er ou en 2e	1	1	1	
Aide-vétérinaire	1	1	1	
TRÉSORERIE ET POSTES.				
Payeur général	»	»	1	Sauf les exceptions prévues aux tableaux d'effectifs de guerre.
Payeur principal et payeur particulier	»	»	1	
Payeur adjoint	»	»	1	

DÉSIGNATION DES GRADES ET EMPLOIS.	PIED de paix.	ALGÉRIE et Tunisie.	PIED de guerre.	OBSERVATIONS.
TÉLÉGRAPHIE MILITAIRE.				Pendant les périodes d'exercices en temps de paix à l'intérieur, en Algérie et en Tunisie, les fonctionnaires de la télégraphie militaire désignés ci-contre ont droit à une ration de fourrages s'ils sont pourvus d'une monture.
Directeur de télégraphie militaire	»	»	2	
Sous-directeur de télégraphie militaire	»	»	2	
Chef de section	»	»	1	
Sous-chef de section	»	»	1	
Chef de poste	»	»	1	
CERCLES ET BUREAUX ARABES.				
Chef de bataillon ou d'escadron	»	2	2	
Capitaine, lieutenant, sous-lieutenant de toutes armes	»	2	2 D bis	(D *bis*) — Les officiers employés comme stagiaires dans les cercles et bureaux arabes n'ont droit qu'à une ration de fourrages.
DOUANES ET FORÊTS (E).				(D *ter*). Les interprètes et les interprètes auxiliaires remplissant leurs fonctions près des conseils de guerre n'ont pas droit aux rations de fourrages.
INTERPRÈTES MILITAIRES.				(E) Les officiers de douaniers appelés à l'activité en cas de mobilisation ont droit, s'ils sont pourvus de montures, aux rations de fourrages prévues pour les officiers des grades correspondants dans l'infanterie.
Interprète principal	»	2	2	Il en est de même des officiers de chasseurs forestiers dans les mêmes conditions.
Interprète et interprète auxiliaire	»	1	1 D ter	Toutefois, en ce qui concerne ce dernier personnel employé en Algérie, les dispositions du décret du 2 avril 1893 et de l'instruction du 4 du même mois restent applicables; les divers agents ou préposés peuvent utiliser pour leur service du temps de guerre les montures dont ils font usage en temps de paix; ils ont droit, dans ce cas, aux allocations de fourrages réglementaires.
AUMONIER.				
Aumônier militaire	»	»	1	
SERVICE DE LA REMONTE.				
Colonel ou lieutenant-colonel commandant de circonscription de remonte et directeur des établissements hippiques en Algérie	2	2	2	
Chef d'escadron commandant un dépôt de remonte	2	2	2	
SERVICE DE LA JUSTICE MILITAIRE (1).				

(1) Ces personnels ne doivent, en Algérie et en Tunisie, être mis en possession d'une monture et, par suite, recevoir la ration de fourrage en temps de paix que lorsque le commandement a reconnu la nécessité de les pourvoir d'un cheval en raison des besoins du service. (Décis. minist. du 14 février 1895.)

(2) L'officier commandant l'atelier de travaux publics à Bougie a droit à un cheval.

TABLE DES MATIÈRES.

Paris et Limoges. — Imprimerie militaire Henri CHARLES-LAVAUZELLE.

www.ingramcontent.com/pod-product-compliance
Lightning Source LLC
Chambersburg PA
CBHW070858280326
41934CB00008B/1498
* 9 7 8 2 0 1 3 7 4 5 7 0 3 *